U0893815

读客®文化

为什么和你说话这么累

[韩] 朴宰莲　著
谢恭霓　译

天津出版传媒集团
天津科学技术出版社

著作权合同登记号：图字 02-2022-060 号

나는 왜 네 말이 힘들까 by 박재연
Copyright © 2020 by Park Jaeyeon & HANBIT Media, Inc.
All rights reserved
First published in Korea in 2020 by HANBIT Media, Inc.
Simplified Chinese Edition Copyright © 2022 by Dook Media Group Limited
Published by arrangement with HANBIT Media, Inc. through Shinwon Agency Co., Seoul and CA-LINK International LLC

中文版权 © 2022 读客文化股份有限公司
经授权，读客文化股份有限公司拥有本书的中文（简体）版权

图书在版编目（CIP）数据

为什么和你说话这么累 /（韩）朴宰莲著；谢恭霓译 . -- 天津：天津科学技术出版社，2022.8（2024.11 重印）
ISBN 978-7-5576-9984-0

Ⅰ . ①为… Ⅱ . ①朴… ②谢… Ⅲ . ①人际关系－言语交往－通俗读物 Ⅳ . ① C912.13-49

中国版本图书馆 CIP 数据核字 (2022) 第 056130 号

为什么和你说话这么累
WEISHENME HE NI SHUOHUA ZHEME LEI
责任编辑：韩　瑞
责任印制：兰　毅
出　　版：天津出版传媒集团 / 天津科学技术出版社
地　　址：天津市西康路 35 号
邮　　编：300051
电　　话：（022）23332390
网　　址：www.tjkjcbs.com.cn
发　　行：新华书店经销
印　　刷：河北中科印刷科技发展有限公司

开本 880×1230　1/32　印张 9.75　字数 194 000
2024 年 11 月第 1 版第 5 次印刷
定价：59.00 元

对话不是为了暂时地解决问题，

而是作为一种手段，

让彼此的心灵相连。

前言

重新学习对话

我刚上小学时，父亲每次在打了我之后，到了晚上又会觉得对不起深爱的女儿，内心十分痛苦。但是，他从来没有对我说过“对不起”，只是会问一句：“你还好吗？”我回避父亲的视线，回答说：“还好。”即使心里很想大喊“我不好，我觉得很痛”，却因为害怕表达真实的自己，所以说了谎。

我在演讲和著作中讲过很多次，我是因为自身的童年经历而开始关注“人际关系内在的暴力性”，从而对决定一段关系的“对话”产生了兴趣。

何为表达？何为倾听？

有时候，我们很想正确表达，却又不知道应该如何表达与倾听，就算心里明白，也很难真正做到，于是经常会伤害到对方，导致与珍视之人的关系出现隔阂。

对话是表达自己

通过与他人的对话，可以展现出我们的人品。在任何情况下，我们都可以选择自己的对话态度。我们是既能够培养，也能够破坏自己的品格的。

学习对话，并不会在某一天突然改变我们的人品。对方不会突然认真听我们说话，讨厌我们的人也不会突然开始喜欢我们。但是，我们看待对方的视线会发生改变，变得更加理解对方。我们还可以鼓起勇气，通过对话的技巧与方式使状况完全发生改变。

“成功”对话的两个前提条件

只要开始对话，每次都会事与愿违，心里感到不适，事后还觉得后悔。如果你属于这种情况，请务必记住以下两点。

第一，我们总有一天会离开这个世界。

现代人似乎觉得自己永远不会死。为了未来可以拥有更成功、更安全的生活，大家现在必须积极地做准备。所以，我们会推迟陪伴深爱的家人和朋友的时间，认为与子女面对面交流的时间也不必着急。我们似乎永远不会死，会一直活下去，这种观念在争吵中也有所体现。就算是面对深爱的家人和朋友，我们在发怒时也会拼命地互相攻击，坚持认为自己没错，甚至挥起拳头，刻意说出最能戳痛对方内心的话来。我们总认为，以后会有和解、道歉的时间。

但是，我们总有死去的一天，而且时间未知。所以，活着等同于死去。我们今天活在这个世上，却也距离死亡近了一天。

我们早晨说出口的一句狠话，可能会成为深爱的父母这辈子听到的最后一句话，我们可能再也没有机会求得他们的原谅。我们不断推迟陪孩子的时间，错过了小小的幸福，今天却可能是与孩子在一起的最后时光，我们闭上眼睛的瞬间，可能再也无法为孩子留下片刻的记忆。

只要记住“我们总有死去的一天”，就会意识到那段记忆在人生中的重要意义，从而明智地选择如何表达与倾听。

第二，我们可以选择自己的言行。

早晨睁开眼睛，我们会习惯性地思考“今天应该做什么”，而不是“今天想做什么”。如果只集中于“应该做什么”，就算完成了那件事，也很难发现那件事对自己有什么意义，即虽然知道应该做什么，却很难确认那件事满足了自己的欲求。这种义务性的生活态度，会让我们逐渐忘记自己具备选择的力量。

对话也是一样。人们总是把“对不起”当成一种义务，把“谢谢”当成一种形式，甚至“我爱你”也只是一种习惯。

比如，对方说“今天很累”，可是我们已经听过太多次这句话，不想再听到了。于是，我们就会在不知不觉中回答：“真能抱怨啊。”或者：“只有你一个人累吗？”

我们未经过认真思考，不自觉中说出口的话，构成了我们的对话，最终影响了我们的人际关系。这种回答在对方给予的刺激与我们展示给对方的反应之间没有任何空间，只是一种无意识的习惯性回应。

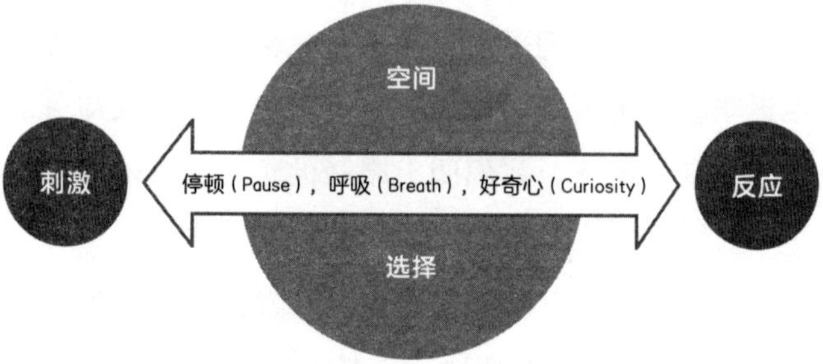

如图所示，如果我们听到对方说出某句话时（刺激），暂时停顿，保持好奇心，认真思考，就可以做出与现在不同的回答（反应），构建不同的关系。

心理学家维克多·弗兰克尔表示："人性最后的自由，是在既有环境中选择自己的生活。在刺激与反应之间有一个空间，我们在那里做出选择，决定自己的生活品质。"例如，对方说"今天很累"，我们听到了这句话（刺激），可能会产生这样的想法："原来这个人今天很累。我今天也很累，我们俩今天都很辛苦。"只要像这样暂时冷静思考，就会做出其他的回答（反应），而不是一味地指责。"原来你也很累。我今天也特别累，看来我们都需要休息。"

只通过这种简单的对话，也会对人际关系的质量造成很大的差别。我们在对话中做不到这一点，并不是因为我们不具备这种能力。原因在于，听到对方陈述的瞬间，我们会不知不觉地做出习惯性、形式性、义务性的回答。就算平时认真思考过对话的方式，在实际进行对话的决定性瞬间，也会无意中做出反应。

因此，通过本书的学习，我们将一起练习在心灵空间中暂时停顿、呼吸、保持好奇心，然后选择自己的言行。只要认识到我们的反应会决定我们的人际关系品质，这就足以成为我们重新学习对话的理由。

所以，深呼吸，和我一起学习一直被我们误解的对话吧！

对话训练、矛盾调解、创伤咨询

感谢可以从事这些工作的

朴宰莲

本书简介

本书旨在帮助各位坦诚表达、正确解读与练习倾听。

这是一本对话指导书，通过倾听与对话练习，可以帮助受过言语伤害或者经历关系失和的读者正视自己的内心，修复与珍视之人的关系。

首先，我们将一起了解阻碍人际关系的对话要素（第一章），以及构建和谐人际关系的对话要素（第二章），然后练习正确倾听（第三章）与表达（第四章）。接下来，我们还会学习构建健康人际关系所必需的拒绝与感谢的表达、矛盾调解等，掌握不回避、不隐藏，并妥善处理矛盾的方法。

使用说明

本书包含许多对话练习。如果想和某人进行对话练习，

1. 对方说话时，
   - 停下手里正在做的事情；
   - 闭口不言；
   - 注视对方的眼睛。
2. 把对话练习中分享的技巧放在心里，不告诉他人，“沉默地坚守”住它们。
3. 表达建议时，先正面询问并确认对方“是否想听我的建议”。

如果您是指导对话练习的老师，

1. 先对关系亲近的家人、朋友等进行至少一年的练习。
2. 尽量按照书中的顺序进行。
3. 如果听到其他想法或意见，不要对此做出“你错了”的个人判断，而是向对方表达感谢：“感谢你表达自己的意见。”
4. 对话中没有标准答案，不同意对方的观点时，要说出“我的想法是……”。
5. 不要判断他人的意见与经验，时刻把“欢迎任何意见”的理念铭记在心。

定下对话练习的目标

“我将通过本书的对话练习，与____________________形成__________________________________的关系。这在我的生活中具有______________________意义。”

目 录

Chapter 3 回应对方的倾听练习

Chapter 4 表达自己内心的练习

Chapter 5 维持健康关系的分享练习

Chapter 1

让关系产生隔阂的对话因素

自动思维

聊得越多越容易争吵

“以后再也不理你了。”

“算了，找你聊天是我的错。”

“管好你自己吧，你总以为只有你才是对的。”

如果双方以这种方式进行交流，就是失败的对话。

那么，什么是成功的对话呢？

“和你聊天真是找对人了。”

“谢谢你听我说话。”

“感谢有你，我心里舒服多了，我现在知道自己该怎么做了。”

如果双方说出这种话，就是成功的对话。

两者的差异来自哪里呢？

来自我们所说的“瞬间思维”。

如果对话效果差强人意，多数人就会攻击对方的人格或者怨恨自己，认为那是一次失败的对话。于是，他们毫不保留与对方重修旧好的余地，或者认为只能选择绝交。此外，还会因为自责而变得难过。

我们过去有过不少这种痛苦经历吧？因为这种思维而一直怨恨某人，甚至干脆与其绝交，事后却又感到后悔或者陷入忧郁当中。

本书不会把对话失败归咎于我们自身的人格，而是着眼于“瞬间思维”。我们还要明白，那并不是深思熟虑的决定，而是一种自动的、下意识浮现的思维，也就是说，自动思维导致了对话失败。

突然浮现的自动思维变成语言脱口而出，双方的交流变得困难重重；如此反复下去，矛盾会越积越深。

阻断对话的自动思维模式

什么是阻断对话的自动思维呢?

“阻断式对话模式”源自以下六种自动思维(Automatic Thought):①判断;②指责;③强迫、胁迫;④比较;⑤理所当然、义务化;⑥合理化。

上个周末,我和交往三年左右的男朋友吵架了。

那天,我们约定两点见面。我平时总是先到的那一个。我在等他时,看到了邻桌的男生正在等女朋友。我虽然不期待男朋友能做到这一点,可是他那天大概迟到了十五分钟后,笑嘻嘻地走进来,非但没有说“对不起”,第一句话居然是:“你怎么来得这么早?”我忍无可忍,大发脾气。

“喂,是我来得早吗?明明是你迟到了!”**–1. 判断**

“你会不会好好说话?你到底有没有时间观念?你在公司也这样吗?”**–2. 指责**

“我已经说过很多遍了吧,让你好好守时!”**–3. 强迫**

“邻桌的男朋友早就过来等着了,你对此毫无感觉吗?”**–4. 比较**

“守时不是最基本的吗?不是理所当然的吗?”**–5. 理所当然**

“哪怕你说一句‘对不起’,我能这么生气吗?”**–6. 合理化**

女朋友等候多时，又委屈又生气，她希望男朋友可以真心道歉，或者感谢她的等待，男朋友却想一笑而过，她便不由自主地大肆发泄。

然而，这样说话通常无法得到对方的真心道歉。在这种情况下，对方可能会习惯性地重复“对不起，对不起”，或者火上浇油，说出以下这番话。

“我每天都迟到吗？”－**合理化**

“你就没有迟到过吗？”－**比较**

“你总是只看到别人的缺点。”－**判断**

“如果你能好好说话，我本来是打算道歉的。”－**合理化**

“别那样说话。”－**强迫，胁迫**

男朋友也对女朋友的话感到不愉快，习惯性地做出回应，启动了阻断对话的自动思维模式。可见，自动思维才是罪魁祸首。这种模式反复的时间越长，尤其是心存不满时（所谓心情不好时），对话就会变得越困难。

沟通式对话练习

对话越多，越感觉受挫的原因是：

自动思维

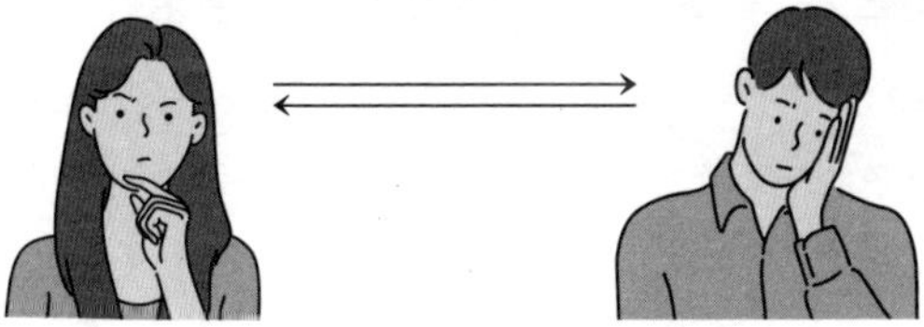

自动思维

1. 判断

2. 指责

3. 强迫

4. 比较

5. 理所当然

6. 合理化

如果双方对瞬间浮现的六种自动思维模式信以为真，并且开始互相争辩，这种对话就会对彼此造成伤害。

（1）拍下这张图，设置为手机背景画面。

（2）随时确认自己一周之内“说出的话和听到的话”属于以上哪种模式。

例：我今天对金次长说："你都当上次长了，怎么还不知道报告的基本要求呢？"

－我今天的行为属于自动思维中的"判断"（你不知道）和"理所当然"（次长这个职位当然应该知道）模式。

例：今天早上，我听到妻子对儿子说："你真的打算每天早上都这么懒吗？"

－妻子今天早上对儿子的言论属于自动思维中的"判断"（行为懒惰）模式。

※　认识到自己所说的话是自动思维，比去承诺"不做自动思维式发言"更加有效。因为，我们在一生中很难回避自动思维。承认自己的自动思维，就已经对沟通有很大帮助了。通过之后的练习，大家就会明白这一点。

·　一对一练习

阅读以下问题，回想个人经历，说明一下自动思维的六种模式。彼此进行提问，确认是否明确了解这个概念并可以清楚介绍。

问题：

（1）我这段时间对谁使用的自动思维最多？

（2）当时所说的话当中，可以想起哪几句？和搭档一起聊一聊。

了解自动思维模式

如果不了解自动思维，就会一直按照自己的习惯进行对话。这时，无意中说出口的话，非但不会缓和与对方的关系，还会造成与对方交恶的后果。在此并非想要评价这种对话模式的“好”与“坏”。必须注意的一点是，如果以这种模式进行对话，将很难与对方和谐相处，自己也会感到不快。

接下来，我们具体了解一下阻断式对话的六种自动思维模式。

1. 判断

“那个人讨厌我。”

“我爸非常体贴。”

所谓判断，是指通过观察对方或者外界而进行解读的“自我框架与思维”。在对话中，判断就是以自己的标准对对方的言行做出“好坏对错”的解读。我们每个人都会有自己的对错标准，这种标准根据每个人的生活环境和经验而有所不同。这种判断会有积极或者消极的表现，消极的判断则会引发对对方的指责。

2. 指责

“也就是我才会把这种无能的人当上司。”

“这人一点儿人情味都没有，完全不懂得感恩，脸皮真厚……”

指责是一种批判形态，这种表达方式中夹杂着消极解读，“认为对方有错，是对方的问题”。当我们指责某人时，是在“我没错，对方有错”的前提之下，为解决这个“错误”，默认对方应该被攻击、可以被否定。如果认知矛盾的原因在对方，相信对方有错，理应被攻击，我们就会肆无忌惮地指责对方，不断说出一些过分的话。

3. 比较

“上次的老师真的很好，这次怎么来了个这种人？”

“我怎么就不能像他那样圆滑地处理好人际关系呢？”

比较是当对方没有如我们所愿时，就算是对其进行羞辱也要改变对方的表达方式。“那个人就不会那样做，而你是怎么回事？”通过这种表达来羞辱对方，让对方意识到自己做错了，从而改变自己的行为。听到这种比较的人，自然会感到耻辱。更大的问题是，如果一个人从小经常被父母以这种比较的方式进行教育，很难对自己形成正面的认识。

4. 强迫

“我说好话的时候你最好识相点。”

“只有忍住委屈，懂得讨好别人，你才能活下来。”

强迫是就算使用暴力、恐吓，也要让对方行动的方式。哪怕让对方承受失去某种东西、遭受损失的恐惧，也要让其行动——如果我们相信这种做法是对的，就会毫无顾虑地强迫甚至威胁对方。多数情况下，强者支配弱者时，便会习惯性地使用这种对话方法。他们意识不到这是一种暴力方式，而为了自己想要得到的结果（对方的行动），无情地操纵对方。

5. 理所当然

“你已经做了三年代理了，这点事还是应该做的吧？”

“我这么笨，当然会遭受这种待遇了。”

理所当然是认为“每个人都应该承受”，于是强迫对方执行某种行为的对话方式。不过，这种“每个人都应该承受”的标准又是极其主观的。我们有时会毫无缘由地以说话者的框架和标准，通过“每个人都应该承受”的言论，造成对方的愧疚感，让对方感到无奈。这种情况下，说话者通常会使用以下表达：“还能有什么原因？这是理所当然的啊。”这种言论可以反向解读为：“我无法解释你为什么必须那么做。我也不知道，你别问我。”

6. 合理化

“我指责那个人，是因为他有问题。”

“如果你表现得好，我就不会发脾气了。”

合理化是指说话者不反省自己的行为，将错误推脱给他人的表达方式。我们在后悔并想要解决问题时，也会出现这种对话模式。无法正常表达自己的愧疚感，并对此进行合理化说明时，会给对方造成更大的痛苦。“我也没办法，你别让我暴躁。”最终，一个人在这种模式下会认为自己的言行只是由环境或者对方造成的，从而减少自己的不适。这种方式的合理化，可能会使自己变得舒服，却会给听者带来极其不适的感觉。

沟通式对话练习

（1）写下本周自己说过的话，并注明它们属于哪种自动思维模式。

例：“你为什么无法像姐姐那样准备周全呢？”

－我对孩子说的话属于自动思维中的“比较”模式。

（2）写下本周自己听到的话，并注明它们属于哪种自动思维模式。

例：在地铁里听到有人说：“阿姨，您怎么能这么没有公德心？真无知……”

－那个人属于自动思维中的“指责”模式。

自动思维对感受、行为的影响

通过自动思维进行对话，并非总会与对方产生矛盾或者引起不适。只不过，在对话中若是相信了自动思维，很可能会习以为常，逐渐无法认知并表达我们想要的东西。把自动思维当真，就会在对话中不经意地流露出来，在这个过程中人们会产生矛盾，自身也认识不到问题的本质。

思维之所以会通过对话表现出来，是因为思维对感受和行为产生着很大的影响。感受和行为会根据思维而发生改变，因此我们的对话也会有所不同。小时候，大人总是嘱咐我们积极向上，也是因为希望我们能说好话、做好事。然而，练习健康的对话，不是停止消极思维，只保留积极思维，而是“认识思维的训练”，不论某种思维是积极的或消极的。对自动思维不加怀疑，而是相信并指导自己的行动，我们的感受和行为就会脱离自身的控制，在无意中形成习惯。

下面我们继续学习自动思维与感受、行为的关系。

1. 自动思维会引发感受的多样化

我们看到毒蛇会感到非常害怕，而对于受过专业训练的驯兽师来说，眼镜蛇却并非一种可怕的刺激。其中缘由是，驯兽师对于眼镜蛇的经验与普通人不同，看到眼镜蛇时产生的自动思维便也不同。

驯兽师：眼镜蛇 →“哇，它的鳞片真好看！”→ **感到兴奋和好奇。**

普通人：眼镜蛇 →“被它咬了怎么办？”→ **感到惊恐和害怕。**

像这样，经验会自动构建思维，思维会对感受产生影响。这种思维是自我解读的结果，会对我们的感受产生影响。如果自认为很差劲，就会感到拘束而忧郁。

“我不是一个好父亲 / 母亲。”→ **感到愧疚和不安。**

“我真没用！”→ **变得无助、忧郁。**

2. 自动思维可以改变行为

我们会相信自己的思维，并让它指导行为。根据思维的不同，我们可能会选择抗争，也可能会选择逃离这种刺激，或者被刺激打败，束手无策。这些行为的基础是愤怒、不安、悲伤等典型感受，我们却根本来不及认识这些感受，就已经直接转化为行动。

极力抗争的方式

被上司指责错误时：“原来他瞧不起我！”的思维 → **以言语指责对方，采取讥讽的态度，甚至暴力行为。**

如果认为对方的言行是对自身的无视，就会立刻对对方进行语言与行为的攻击。例如，一个人开车时差点儿与别的车相撞，便立刻下车与那个车主大吵，就属于这种方式。“因为那个人，我差点儿就死了！”司机产生这种思维的同时，也可能会在车里自言自语：“那个人是不是疯了？”

逃离刺激

必须当众发言的聚会：“我肯定又会难堪。”→ **认为有可能遭遇失败，所以离开了聚会。**

如果某件事做了几次依然没有达到理想效果，我们就会通过那种反复的经验来想象以后，或者主动回避这件事。预想到参加令人不适的聚会会出现不愉快的状况，于是找机会回避，这个事例就属于这种类型。

被刺激打败，束手无策

被上司批评报告书做错了：认为“我真没用”→ **什么也不做。**

如果上班族面对比自己强大的上司，被追问或者督促时，会有什么反应呢？多数人会在那一刻大脑空白，身体僵硬，什么也做不了。因此，思维可以支配的不只是我们的感受。如果陷入这种思维，身体就会变得异常僵硬，不能逃离也不能攻击，处于被打败的状态。

沟通式对话练习

（1）分享最近感到不适的事件，说一说自己的感受与行为。

例：我在胡同里以 20km/h 以下的速度开车，突然从左边冲出一辆车，向我快速驶来。这条路无法躲闪，只能减速，对方却似乎并未减速。直到那辆车几乎开到了我的面前，才突然刹车。

感受的强度：愤怒（40%） 不安（90%） 悲伤（0%）

· 事件：

感受的强度：愤怒（　　%） 不安（　　%） 悲伤（　　%）

（2）写下当时的全部自动思维，并与身边的人分享一下。

例："怎么会有那种人？就因为那个人，我差点儿出车祸！那个人真该遭报应。真的太无知了！我还以为我今天就完蛋了。"

· 当时的自动思维：

（3）写下自己可以想起的各种自动思维，确认感受发生了怎样的变化。

例："尽管如此，今天能这样已经是万幸了。没出车祸，我也没有受伤。" – 安心

"如果那个司机突然出现心绞痛，无法继续开车呢？" – 担忧

· 思维和感受：

→ 尽管如此，我依然会认为那个人应该"遭报应"吗？

我的愤怒指数依然是 40% 吗？

认知偏差

在同样的情况下，不同的判断会造成思维的差异

大家现在已经理解什么是自动思维了吧？由此可知，坚信这种自动思维是事实、真实，对话就会变得惨不忍睹。说不定大家也会好奇，为什么在同样的情况下进行对话，却会产生不同的自动思维呢？

好心给对方买了一个冰激凌，却被对方认为是“伪善”，这样的话，对话就会令人不爽。我并没有那个意思，对方却以自己的方式进行解读和评判，或者完全听成了其他意思，并且攻击我。有时候，我真的觉得对方不可理喻。

在这种情况下，对话中的“说话技巧”更重要，还是“聆听的技巧”更重要？真是令人糊涂。

听者感到不愉快，说话者也很憋屈。我在进行对话授课时，对这种情况感到遗憾。因为双方明明很珍惜彼此，却因为一句话冷战多日，浪费了宝贵的时光。我也曾经遇到过这种情况，明

明是善意沟通，对方却产生了误解，做出另一番解读。

我们会受到自动思维的影响，对方也同样会产生自动思维。这种自动思维根据每个人的经历与对自身经历的认知程度而有所不同。

寒冬腊月看到溜冰场，我们会产生怎样的自动思维呢？

有人会首先想到，“如果在那里摔倒了，说不定会折断手指”。还有人会觉得，“那样刺溜滑过去真有趣，溜冰场里卖的热狗也一定很好吃”。

两个人都看到了寒冬腊月的溜冰场。**- 刺激**

受到了同样的刺激，瞬间产生的自动思维为什么会如此不同呢？

这是因为，每个人的经验不同，由此产生的思维也便会存在差异。

这种情况没有谁对谁错的问题。每个人的思维不同，这些思维会在对话中扭曲我们的表达。这种现象在心理学中称为“认知偏差”。认知偏差会扭曲我们对情况的把握，又是我们对话和相处方式的组成材料，我们在学习对话时一定要了解这个概念。认知偏差是涉及自动思维概念的认知行为治疗中的重要关键词，精神医学家阿朗·贝克定义了数十种常见的认知偏差。

下面看一组案例。

我是初二的班主任。我和班上的一个学生谈话时，学生的反应令我印象深刻。当时，我对学生说："智星，感谢你经常帮助同学，还会主动询问老师有没有什么需要帮助。照顾同学真的是一种很棒的行为，老师希望你也可以照顾好自己。在照顾好自己的同时，又能帮助同学，就更棒啦！"智星却回答说："我好像照顾不好自己。"我根本不是这个意思，智星却似乎只记住了其中的消极部分。- **选择性提取、精神过滤**

组长向常务汇报完我们组准备已久的项目情况，回来之后对六位组员说："大家辛苦了。常务也对各位的辛苦工作表示感谢。金课长在报告书收尾时增加了两份报告材料，对理解项目整体情况很有帮助。因此，我在汇报时方便多了，谢谢。"可是，听到组长夸赞金课长时，我却不由自主地心想："是说我做得不够好吗？"回想起来，我完全没有什么做得不好的地方。组长可能并不是那种语气，我却把他夸赞金课长的话理解为他认为我能力不足，心情非常糟糕。- **个人化、二分法思维**

学习了认知疗法中使用的"认知偏差"这个概念，就不难发现我们做出的很多判断可能存在扭曲。这种认知偏差在我们的生活中随处可见，并通过对话表现出来，决定着我们的人际关系。因此，如果认真掌握了认知偏差的概念，会对认识自己和他人有很大帮助。

影响对话的 11 种认知偏差

本节介绍扭曲我们思维的 11 种代表性认知偏差，以及各种类型的含义。

1. 二分法思维

以极端模式对情况进行是非判断，主要表现为“非黑即白”，不承认中间地带。二分法思维是我们社会中十分常见的对话模式。

“我对刚才的提案不太确定。”如果群体中有人对另一个人的意见做出此番评论，我们很容易立刻产生这种认知偏差：“你应该直接说好还是不好！”至于那个人是真的否定这个提案，还是想要再思考一番，或者部分同意部分反对，以及有什么尚未表述的更好的建议，我们想不到这些可能性。因为这种二分法思维主张两个极端，没有变通的余地，所以对沟通是毫无帮助的。

“如果不是满分，根本没有任何意义。”

“不喜欢就是讨厌！”

→ 写下并分享二分法思维的个人经历。

2. 过度引申

过度引申，就是以一两次的经验为基础，做出普遍结论，在无关的情况下也采用这个结论的认知偏差方式。

人们都想知道什么是舒适又安全的方式，但也不愿过多思考，只想通过迅速判断得出结果。自己只经历过一两次，却要判断全局，以这种思维评判他人时，会带来难以预料的后果。有人因为他人的一次失误（例如谎言），就在心里下了定论（绝对不可信），这种做法也是过度引申的结果。

“我去国外旅游，看到有人等出租车插队。那个国家的人真是没礼貌。”

→ 写下并分享自己过度引申的个人经历。

3. 精神过滤

这种思维模式也称为选择性提取，忽略整体信息，选择性地将注意力集中于某些细节并妄下定论。认知偏差大多包含精神过滤。与积极信息相比，我们其实对消极信息更加敏感。因此，就算对方给出了对整体上感激、肯定的反馈，也会对其中某些消极信息、缺点、不足等表现得更加在意。问题就在于，将细节看作整体评价，从而扭曲了判断。就算称赞了一百种优点，只要指出一处不足，就会感到伤心欲绝。这种认知偏差误解了说者的本意，很容易在对话中造成说者委屈、听者不悦的后果。

“金课长的报告书很系统，对问题把握得非常到位。只要在方向性上稍微补充一下就可以了。”

→“这就是在说我的报告书不行呗。”

→ 写下并分享精神过滤的个人经历。

4. 妄自断定

还不确认情况，就迫不及待下结论的方式。我们已经养成了“快速”的习惯。例如，发送信息之后，明知道对方已经看到了，却因为没有第一时间回复而妄下结论：“他根本不在乎我的话。”像这样，没有亲自问过对方，或听对方如此说过，却匆忙地自己下了结论，就是妄自断定的认知偏差。

妄自断定在对话中的最大问题是不向对方确认。由于已经通过自己的猜测妄下结论，便会觉得没有必要再向对方确认。可是，我们的猜测大多与事实有偏差，却因为我们的误解（妄自断定）而加深了与对方的矛盾。

“吵架之后，丈夫整个星期都是晚上九点以后回来的。很显然，他已经对我完全心灰意懒了。”

→ 写下并分享妄自断定的个人经历。

5. 扩大化 / 缩小化

过度扩大或者压缩事件的实际意义与重要性。我们的内心深处可能十分不安，所以会通过压缩事件或对方言行的意义以求安心，或者进行一些不必要的放大，试图控制这种不安。

不妨设想这样一个场景：老师找了自己担心的学生谈话。有的学生会压缩这件事的意义，认为没什么大不了，对此没有什么反应；有的学生则会扩大这件事的意义，认为自己一定是太差了。有人会过度评价自己的缺点，低估自己的优点；还有人恰恰相反，他们会放大自己的优点，压缩自己的缺点。这两种思维都与说话者的本意无关，而是听者舒缓自己内心不安的思维方式。尤其在对话中，如果出现了过度放大或者低估，向对方询问确切含义是极其重要的。

“学校老师说，孩子的领导力很不错。我们家孩子一定会大有作为。”－扩大化

“上司看了我的报告书，说我写得不错，只不过是我运气好罢了。”－缩小化

→写下并分享过度放大或者低估的个人经历。

6. 情绪化推理

在某种情况下，没有确切的依据，而是根据自己的模糊感受妄下结论的方式。

大多数情况下，人们在生活中很难认识到自己的感受，思考也比较随心所欲。我们的言行不是建立在理解的基础上，而是以感受为主。如果对自己满意，就会觉得自己是个优秀的人；如果对某个人感到拘束，就会觉得对方不是一个好人。如果被问起这样认为的根据，我们可能会回答：“我也不知道，说不清为什么。”“凭感觉。”这种情况就是情绪化的认知偏差。以这种感觉、感受为根据，就会得到与实际不符的结论。

"总感觉对不起孩子们，我不是一个好妈妈。"

→ **写下并分享情绪化推理的个人经历。**

7. 义务性陈述

"当然应该这样做"与"一定要这样做"，是一种毫无变通性与开放性的思维。义务性陈述受到"必须这样做"的压制，是一种被支配的思维。这种义务并非所有人都能共情，而是由个人制造出来的，会破坏与他人的关系。以这种义务与行为作为根据的刻板的认知偏差，阻碍了多样化、开放性的思维。"为什么"是一个很好的词汇，它可以激发创意，形成合理的结论。但如果束缚在"没有原因""理所当然"这种形式的思维当中，就会丧失好奇心，人会像机器一样生活，不懂得思考。以这种思维进行沟通，对话必然枯燥无味。

"爸爸绝对不能流泪，不能表现出脆弱的一面。"

"是朋友就帮我一把。"

"父母必须很强大！"

→ **写下并分享义务性陈述的个人经历。**

8. 乱贴标签

给自己贴上极端、不恰当的标签。我们很喜欢给自己和他人贴标签，比如天才、傻瓜、利己主义者、天使、垃圾、圣人等。这种贴标签的过程，使我们无法把人看作一个拥有多方面能力的

“完整的存在”，而是一种只根据某个特征或者部分特点进行整体评价的过度引申。一个人虽然被称为“利己主义者”，但他在家人或者爱人面前可能是一个天使。我们有必要了解一个事实：在对话中过早为对方贴上象征性的标签，进行过度揣测，会对理解对方构成很大的障碍。

“我真是个傻子。”

“我是一个失败者，我的人生就是场失败。”

→ 写下并分享乱贴标签的个人经历。

9. 个人化

就算某件事与自己无关，也会错误地解读为与自己有关。越是相信有人总在注意自己，认为他人在评价自己，这种个人化就越会影响我们的生活。令人难过的是，越是陷入个人化，就越难活出自我。如果我们在生活中总是迁就他人，一切都要配合他人的行为，对话也会朝着这个方向发展。在对话中最重要的，不在于他人的行为，而是认知自己的需要和感受的能力。个人化已经远离了这一点，是必须了解的一种认知偏差。

“孩子做了被人指责的错事，是我教育无方。”

“金课长在会议上发笑，是因为他看不起我。”

→ 写下并分享个人化的经历。

10. 灾难化

不考虑解决方案，只预测最坏的结果，称为“预言者偏差”。

一个孩子曾说，只要考试，他就一定会考砸。原因是，他只要一紧张就会肚子疼，最重要的高考那天也一定会紧张，所以必然会肚子疼，会做的题也做不出来，高考当然会考砸，就考不上大学了。如果担心紧张会导致肚子疼，可以提前吃药，也可以多穿衣服为肚子保暖，或者服用缓解紧张的药物。不考虑这些改善的可能性，不去找解决方案，直接做败局解析，便是灾难化偏差。离婚会过得很惨，失业会毁掉整个人生，这些想法会抹杀解决方案与其他的可能性，对话时也会导致双方变得消沉、无助。

“如果就这样生活下去，我的孩子一辈子都无法摆脱贫穷。”

“如果我和这个人就这样过日子，恐怕一辈子都不会幸福了吧。”

→ 写下并分享灾难化的个人经历。

11. 读心术

不亲自询问他人的想法，而是任意揣测并断定他人心思的方式。这种读心术可能会惹怒对方。因为不论对方如何否定，当事者也会坚持认为自己是对的。对话是一个相互的过程，应该放下认为自己“正确”的思维。一个人带着自己“正确”的推测与对方交流，对话会受到限制，变得自以为是。“你是讨厌我吧？”“你现在根本不是那样想的，只是假装对我好吧？”如果不断以这种话折磨对方，谁能受得了呢？双方越是相互了解，相处的时间越长，越容易陷入这种读心术偏差。因此，这种问题在家人、朋友、同事之间的出现频率很高。

“我只要看到孩子的表情就知道他在想什么。”

“我的朋友现在一定很伤心。我不用问，也知道他肯定是那种感觉。”

→ 写下并分享读心术的个人经历。

沟通式对话练习

（1）写下本周想到的自动思维事件。

（2）思考并写下那种思维源于哪种认知偏差。

（3）写下并分享“那种思维是事实”的证据。

（4）写下并分享“那种思维不是事实”的证据。

核心信念

塑造性格的刻板思维

本节的内容非常重要，而且可能会令某些读者感到不适。但我作为作者，需要鼓起勇气书写这一部分。真相或许会令我们感到非常不适，直面事实则意味着需要克服这些不适。那么接下来，让我们逐一学习这些内容。

理解了自动思维（瞬间闪现的想法）和认知偏差的概念，与将这种认知融入生活，完全是两码事。也就是说，有人对自动思维和认知偏差的概念烂熟于心，在实际生活中依然坚信瞬间闪现的想法和判断就是“真相”。不论他人做出怎样的说明，他都听不进去。就算对方出示了证据，他也会继续怀疑，不愿放弃或者改变自己的想法。这是因为，我们心里的某种信念已经“先入为主”，并且相信“这就是事实”，即如果自动思维是一种“意识”，那么这种信念就是一种“下意识”。

每个人都会拥有自己专属的核心信念。这真的是一个悲剧，因为有的信念会把我们的关系变得刻板。因为这种信念的存在，我们的思维不再从容，失去了接受他人想法的余地。如此一来，我们就会因为一些小事而莫名其妙地受挫或者发怒，误解对方的善意并与其争吵，做出一些令人费解的行为，搞得彼此非常疲惫。尤其是童年的伤痛会长期反复，日益加重，来自父母的情绪需求过剩或者不足，这种核心信念企图支配我们的心灵和灵魂。这种操纵感情、对话与行为的核心信念，称为“图式”（Schema）。

孤立的心灵循环构造是阻断关系的原因所在

个人核心信念会对对话与关系产生重大影响。十几年来，我做对话训练、矛盾调解、创伤咨询时遇到的困难几乎都与核心信念有关。我自己也不例外，每次面临对话和建立关系的紧要关口，都必须直面自己的核心信念。

我的核心信念之一是“被抛弃”。因此，我会努力保持微笑和风度，更加善待看似要离开我的人，或者在被抛弃之前冷静地率先断绝关系，以此避免被抛弃的痛苦。因为被这种核心信念束缚，我长期维持着不健康的对话状态。

心理学家杰弗里·E. 杨为我开启了新世界。他认为，对个人生活毫无帮助的消极核心信念，来自童年时期未能得到满足的情绪核心欲求。果不其然，我在童年时期的这种情绪核心欲求未能得到满足。比如，与重要的人之间的眷恋欲求（爱、照顾、看护、接纳等）、表达需求或者感受的自我表达欲求、趣味欲求、选择的自主性与自我认知欲求、自我克制与管理的欲求等，我大多受过挫。

如果各位在童年时期受过身体、性、情绪、语言等方面的虐待，如果这种虐待十分严重，说不定各位的心里和我一样存在着这种核心信念。

虽然会存在一定程度的差异，但每个人都有这种核心信念。讽刺的是，这个令人感到不适的事实是改变我们的对话的起点。“原来我也有核心信念。这种核心信念会阻断我与他人的关系，孤立我的生活。”这种想法就是变化的开始。我们戴着这种有色眼镜观察世界，审视自我和他人，展望自己的未来。只有了解了这一切，我们才会摘下有色眼镜，看到世界的真正面貌，即如果认识到我们的核心信念是一个巨大的冰疙瘩，那就要慢慢将其融化。杰弗里·E. 杨认为，我们可以通过内心的“健康成人”来克服这种核心信念。

再者，并非所有的核心信念都会阻断对话和关系。积极看待世界的核心信念（世界真美好）或者积极待人的核心信念（人性本善）等，普遍会对关系的内在秩序起到很大的帮助。只不过，本书中侧重的是对健康关系没有帮助的、造成不幸的消极信念体系。

我们学习消极的核心信念，不是为了彼此评价，而是为了彼此理解。因为每个人的生活、经历、学识等有所不同，必然会形成不同的核心信念，即不是以对错的道德观评价他人，而是通过生活经历去理解他人。还有，当我们无法理解自己时，也可以通过这种方法排解压抑的情绪。认识自我、理解他人，这就是我们学习核心信念的目的所在。

如果各位的生活非常健康，可以轻松地翻阅本章，我会对各位表示祝贺。不过，在这个世界上还有很多像我这样备受消极核心信念折磨的人。各位读者可能是公司领导、照顾学生的老师，也可能是养育孩子的父母。如果想要培养理解他人的能力，请务必仔细阅读这一章。本章会对健康对话很有帮助。

重新审视各种核心信念

本节通过各种案例，简单介绍杰弗里·E. 杨的 18 种图式中的 14 种［想要详细了解核心信念的读者，可以参考他的著作《图式治疗》（*Schema Therapy: A Practitioner's Guide*）］。

可以与练习对话的伙伴一起阅读，也可以分享一下自己与身边人的事例。

1. 被抛弃的信念：最终会留下我孤身一人

相信所爱之人最终会离开，只留下自己孤身一人，这种核心信念真的令人心痛。如果这种被抛弃的思维发展为信念，就会引发孤身一人的不安。这种核心信念越强烈，“二分法”对话出现的概率就越高。例如，我们被他人拒绝时可能会说一句“算了”；明明渴望亲密关系却坚信“孤单”的结果，而固执地选择孤身一人，或者在关系取得进一步发展之前就冷静地断绝关系。如果这种信念过于强烈，我们就会非常容易受伤，难以保持平常心。

不知道怎么搞的，我总觉得会与所爱之人分开或者被对方抛弃。所以，就算开始了一段新的关系，我也会非常不安，担心离别时刻的到来。就算是一个微不足道的拒绝，我也会非常敏感。父母在我小时候就离婚了，我那时苦苦哀求，妈妈还是离开了家。现在想来，是父母吵架导致妈妈离开，我却觉得自己被妈妈抛弃了，认为自己是一个会被抛弃的人。如果我再表现得好一点，是不是就不会被抛弃了呢？

→ 如果符合这种情况，可以写下并分享你的经历。
→ 如果身边的人有过这种经历，写下并分享一下。

以健康成人的视角重新审视

我们身边有很多人无法保持平常心。如果认识到这种“即将被抛弃”的信念只是一种强烈的想法，并不是真相，我们就会逐渐理解这种信念，慢慢学会真实的对话。不要说“算了”，而是可以换一种表达方式：“我感觉有些不适，我们可以一起讨论一下解决办法吗？”

任何人都有可能被一个人抛弃或者遭到公司的拒绝，不论之前付出了多少努力。这种拒绝，并不是拒绝我们本身。这种情况十分平常，大家都可能会经历。我们曾经被接纳，而且完全具备被接纳的能力。我们是有能力守护自己的。

被对方拒绝当然会感到不快，但我们也应该练习独处。通过练习，正视独处的孤单与不安，最终会认识到完全的自我以及如何建立健康的关系。我们应该认识到，童年时期被抛弃的经历只是一些陈旧的记忆而已。我们的心里依然住着一个孩子，我们同时也是可以守护自我的健康成人。

2. 不信任的信念：我无法相信任何人

顾名思义，不信任就是不相信世界和他人。因为不相信任何东西，只能进行自我保护。“身边全是敌人，必须时刻保持紧张。”“必须以警惕的目光审视他人，这样就能看破他人的企图以求自保。”“别人一定是想要利用我。”以上就是不信任的核心信念的特征。

一个人如果从小被父母虐待，就会不安、惊恐，无法信任父母。无法相信自己的亲生父母，又怎么能够信任他人和世界呢？我的这种核心信念最为强烈，所以我认为这是自己最悲伤的信念。如果持有这种信念，就会经常情绪混乱。一个人总是感受到外界真假难辨，必然造成自己的混乱。无法相信他人，与他人建立的关系当然只能是泛泛之交。同时，又会觉得这种待遇不合理，疑心加重。这种情况下的表达通常是：“我不相信任何人，我只相信我自己。”

我无法相信这个世界，并且觉得不该相信他人。因为我真的押上了整个人生在职场奋斗，却遭到了背叛。小时候，爷爷曾经教育我“不要相信任何人，在这个世界上唯一可以信任的人就是自己”，我把这句话奉为真理。就算别人对我再好，也只是有所企图罢了。

→ 如果符合这种情况，可以写下并分享你的经历。

→ 如果身边的人有过这种经历，写下并分享一下。

以健康成人的视角重新审视

因为这种信念过于强烈，我咨询了心理医生。像我这样信念强烈的人，只要受到一次伤害，便很难从受害者意识中恢复过来。如果从小遭到虐待，情况更会如此。我经常因为这种信念而感到无助，心里总是充满了这样的对话：“那个人有什么目的？他是不是在骗我？我可不能再次受伤啊！”

核心信念很快会表现在对话当中，对话最终会决定一段关系的质量。我们必须明白的一点是，我们所遭受的虐待与不信任的经历只是在特定时间与特定的人之间的关系而已，不能把过去的不幸带到现在的生活当中。如果因为害怕坏事发生而变得不安，甚至攻击他人，就应该静下心来，重新学习这部分内容。世界上有黑暗也有光明，有不信任也有信任。请相信微小的善意，怀着一颗感恩的心接受他人的微笑，告诉所爱之人“我相信你”，对他人说一句“感谢你相信我”。在生活中逐渐建立起微小的信任，就会逐步构成信任关系。通过不断地练习，培养辨别“信任”与“不信任”的能力，就可以做到这一点。

3. 情绪剥夺感信念：我的欲求不会得到满足

情绪剥夺感信念，是指“我绝对不会得到满足”。如果这种信念很强烈，就会认为任何人都无法满足自己的欲求，这样一来，便很难使用准确的语言进行对话。“你看着情况让我满意吧”，以这种拐弯抹角的方式说话，既想被爱、被理解，又不愿意用语言或者行动表现出来，被爱、被理解的欲求最终只能遭受挫折。如此一来，这种信念只会变得更加强烈和顽固。

信念这种东西是非常矛盾的。有的人渴望被爱，却又总是被不爱自己的冷酷之人所吸引；有的人害怕受伤，所以冷漠待人，于是总是孤身一人；有的人不会直接说“我想和你聊聊”，而是会说“我没事，别管我”。像这样，只通过对话很难让彼此了解对方的信念。

> 反正我的愿望也不会实现，人生本来就是不尽如人意嘛。我真的很讨厌那种表达出自己欲求并渴望得到满足的人。那种人看起来非常自私，而且也不现实。人生就是凑合，怎么可能事事如意？所爱之人说要满足我的愿望，我就会进行严苛的检验。对方看起来似乎真的尽了全力，我却每次都会提出更加无理的要求，最后那个人终于离我而去。我

当时就明白了一个事实：我的欲求绝对不会得到满足。

→ 如果符合这种情况，可以写下并分享你的经历。

→ 如果身边的人有过这种经历，写下并分享一下。

以健康成人的视角重新审视

情绪剥夺感会阻断我们的亲密感体验。彼此交往尚浅，却已经不断质疑这段关系。“反正别人不会满足我”，这种信念总是会令我们感到不满。不懂得感谢对方的努力，还要抱怨“仅此而已”，甚至会不断提出要求，认为自己得不到满足，这种信念会让关系恶化。因此，我们需要学习表达“感谢”，哪怕只是一些微不足道的小事。不要嘴上说着“没关系”，却在心里渴望他人满足自己的欲求，而是应当努力进行自我满足。经常想一想我们日常所享有的一切并心存感激，会很有帮助。欲求全部得到满足的人是不存在的。我们的欲求有时会得到满足，有时无法得到满足，最重要的是，要记得自己具有自我满足的力量。

4. 缺陷的信念：看到我真正面目的人会感到失望

大家如果心里认为自己“似乎无事可做”或者“毫无价值”，可能就是这种信念在作怪。

这种信念强烈的学员曾经表示，听到“你真是个好人”会感到不适。为什么呢？因为自我认知和对方的反馈产生了混乱。如果一个人的缺陷的信念很强烈，反倒会执着于表面的成功和权力，想要成为一个所谓强大的人。再者，这种信念越强，羞耻心和比较意识也会更强。这种情况下，在对话中经常会使用“比某人更……”之类的表达。将自我与他人做比较，找出他人比自己优秀的地方，从而确认自己的无能，这种沉重而遗憾的信念，令人无法真正接受自己。

> 我总是觉得自己很差劲，非常自卑。如果有人称赞我，我真的会觉得非常不适，难以忍受。我还会担心暴露自己，害怕别人看到我的真实面目之后会不再喜欢我，我为此非常不安。因此，我无法忍受耻辱，总是拿自己的缺点和别人的优点做比较，寻找自己低人一等的证据。我很想改变这样的自己，却无法摆脱自卑感。
>
> **→ 如果符合这种情况，可以写下并分享你的经历。**
>
> **→ 如果身边的人有过这种经历，写下并分享一下。**

以健康成人的视角重新审视

每天通过一些小事称赞自己。这时，你可能会听到自己的心里在说：“这种水平有什么值得称赞的呢？任何人都可以做到啊。”那么，你一定要这样告诉自己：“不是！小事也有被认可的价值！”

信念要通过自我对话促成改变，而不是通过与他人的对话。而且，还要练习不要凡事过度指责自己，学着接受和原谅自己。“这次错了，下次就做得好一点。”我们应该像这样鼓励自己，而不是认为自己十分差劲，“只能这样了”。我们要告诉自己，是否成为一个完美的人并不重要，我们现在已经足够值得被爱。

5. 社会孤立的信念：我不适合这里

社会孤立感与拘束感是不同的概念。任何人第一次加入一个集体都会感到一定程度的拘束和不适。这里所说的社会孤立感信念，是指身处集体或者组织之中，却认为“我不适合这里”。大家都知道穿着不合脚的鞋走路的感觉吧？身处不搭调的集体之中也是同样的感觉。社会孤立信念会造成个人在集体中行为拘束，产生逃避心理，感觉被孤立。如果心存这种信念，即便表面上建立了健康的关系，也会在集体活动中感觉十分孤独，认为自己没有归属。

我明明和其他人在一起，却感觉不到集体的归属感。对轻微的排斥感也会感觉强烈，感觉自己被孤立了，做事很不顺利。不知道为什么，我和其他人总是心情不同，总有种话不投机的感觉。一对一的关系并不怎么难，在集体关系中却无法摆脱不适与不合的感觉。尤其是，我根本不认为自己是集体的一员，并因此产生无限的排斥感，太让我发愁了。

→ **如果符合这种情况，可以写下并分享你的经历。**

→ **如果身边的人有过这种经历，写下并分享一下。**

以健康成人的视角重新审视

曾经有一位学员的这种孤立感十分强烈。我们当时所做的行为练习是，让他在私人团体中愉快地担当一个小角色。在不足八人的小团体中，他担任总务，负责管理80万韩元的资金，通过群发短信管理团体。我这样做的理由是，他在人际关系中总是感觉和身边的人合不来，认为自己没有魅力，于是不愿意积极地表现自己，总是沉默着回避。

我们不一定非要改变自己的信念，而是需要深刻认识到自己想要什么，并为此付出一定的努力。如果总是感觉有社会疏离感，就要从小事做起，试着融入集体之中。

6. 依附的信念：自己做不到

“帮帮我，仅凭我自己是做不到的。”很多时候，我们会有这样的想法，或者说出类似的话。接受新的业务指示，或者遇到挑战时，总是莫名感觉自己无法完成；如果没有人帮助自己做判断，总是感觉很难下决定。这种心情就像是身处危险的战场却手无寸铁，所以不知道应该怎么做，倍感压力，十分不安。如果从小被过度保护，无法独立完成任何事情，或者被过度忽视，所有事情都必须独立完成，冒险和挑战都会成为生活的阻碍，则有可能出现这种信念。这种阻碍我们奔向更加广阔的世界的想法，就是依附的信念。

如果没有他人的帮助，我感觉自己什么也做不成。如果上司分配了什么任务，我最关注的是与谁一起共事；如果他让我独立完成，我就会感觉十分害怕，马上要晕倒了。甚至有一次，我被迫遵从父母的命令去欧洲旅行，一路哭到了机场。而且，那一次还不是独自上路，而是跟团旅行。现在想来，我似乎没有独立做过什么事情。小时候，朋友们总取笑我是“胆小鬼”，但也会经常帮助我。我好像只交往过这样的朋友。

→ 如果符合这种情况，可以写下并分享你的经历。

→ 如果身边的人有过这种经历，写下并分享一下。

以健康成人的视角重新审视

此类学员有必要通过练习独自吃饭、独自看电影、独自散步、独自决定是否要购买某种小物件来淡化这种信念。

找一个地球仪，轻轻转动一下，找一下自己的国家所在的位置，再看一下其他的大洲和大洋。地球上有那么多不曾去过的地方，只因为一句“我自己做不到”而恐惧，是多么遗憾啊！不妨从日常小事做起。每次完成一个小目标，就要这样告诉自己：“做得不错！辛苦了，非常棒！”对话的力量会在对视和鼓励中变得更加强悍。请务必记住，自尊心是通过日常的小事积累起来的。我会一直为各位加油。

7. 脆弱的信念：莫名感觉会发生不好的事情

这种信念会阻碍我们的脚步，导致我们停滞不前。其主要表现为：认为日常生活中的所有事情都是不安全的，“不知道什么时候就会遇到危险，要时刻准备着”。

这种信念强烈的父母会经常对孩子说什么呢？“不行。”“不可以。”“乖乖待着。”“太危险了，要小心。”其实，这种嘱咐是很有必要的。孩子如果不小心陷入危险，就难以健康成长。不过，如果父母的这种信念过于强烈，就会把全部的力量用于守护孩子的安全，而不是着眼于日常生活。总觉得似乎会发生什么不好的事情，担心会受伤，害怕陷入危险……如果满脑子都是这种想法，日常生活会怎样呢？

我不论做什么，都觉得会出现不好的事情。坐飞机会担心坠落，心跳加速会害怕是心脏疾病，只要稍有不安就非常难受。昨天，我坐电梯时紧紧抓住旁边的把手，不断想象坠落的场景。在这些稀松平常的时刻，我总是想象一些灾难或者最恶劣的情况，身心备受折磨。可是，我又没有任何办法，因为我就是这样的人。

→ 如果符合这种情况，可以写下并分享你的经历。

→ 如果身边的人有过这种经历，写下并分享一下。

以健康成人的视角重新审视

脆弱性并非全部表现为恐慌，不过恐慌大多是由这种脆弱性引发的身体感觉。我们在对话中不难发现，“感觉自己快疯了”“快要死了”，经历这种恐慌的人多数持有这种脆弱信念。如果出现这种情况，人际关系就会受到限制。因为觉得必须保证身边人的安全，所以会限制他们，不由自主地不断说出“不行，一定要小心”之类的话。如果持有这种信念，则有必要进行持续的冥想练习，培养“我在这一刻很安全”的认知。在原地安静地闭上双眼，慢慢进行六次深呼吸，这种训练会很有帮助。此外，如果身边有这样的人，应该理解他们的这种信念，并且帮助他们一起克服。对他们而言，日常的小事是一种很危险的因素，我们应该对此表示理解，并且微笑着拉起他们的手，告诉他们“今天过得很好，明天也会一样”。

8. 失败的信念：结果一定会失败

“肯定不行。”这种信念会让我们把微小的失误看成巨大的失败，不愿继续挑战，或者无意之中放弃努力，故意造成失败的后果。“你总是这样！”“你到底能干什么？”如果一个人从小就经常听到这样的评价，就会把一些失误放大为自我评价（我像一个傻子）。如果这种信念过于强烈，就会通过其他行为来弥补自身的不足。虽然很渴望自己的能力得到外界的充分认可，却总是做一些低级的事，或者完全不相干的事。比如，想要学习变好，却又坚信自己一定会失败，于是专注于打游戏；自己的成绩明明可以通过录用考试，却只去做小学低年级的数学课外补习老师。打游戏或者做数学补习老师当然不是坏事，但是选择这种行为的初衷是因为觉得自己会失败，这种想法是有问题的。

我总是觉得自己会失败，所以无法着手做事。如果不能做到最完美，就一定会失败，所以我永远都在做准备，即使开始了也要对别人保密。与其失败了遭到他人嘲笑，还不如我自己悄悄去做呢。运动、业余爱好之类的，我总是背着别人偷偷学习。不过，在社会中工作，就很难做到这样了。不久前，我有一个小组发言，二十分钟的发言稿我却足足准备了四个月。虽然认真做了准备，还是莫名感觉自己会失败，这让我心里十分焦躁，怎么也摆脱不了这种感觉。

→ 如果符合这种情况，可以写下并分享你的经历。

→ 如果身边的人有过这种经历，写下并分享一下。

以健康成人的视角重新审视

“成功”的反义词不是“失败”，而是“不挑战”。“我一定会失败”，明确认识到这种信念不是事实，精神就会开始恢复。培养自己从成功做好一件小事开始，或者尝试有始有终。

考上名牌大学，并不代表人生的成功。认真学习，好好参加高考，就算是一种成功。并非只有会开车才是成功，徒步或者坐地铁，只要到达了目的地，就算成功。难道只有考了第一名才是成功吗？从第三十名上升到第二十五名，也是一种成功。我们歪曲了成功与失败的判断标准，认为自己“一定会失败”是一种十分愚蠢的想法。“我做不到。反正会失败的吧？还是不做比较好。”如果你曾经说过这样的话，不妨写下来，并且确认一下事实是否真的如此。很显然，这不是事实。

面对挑战，不作为只是一种临阵脱逃的行为，是在过去的经历中所产生的羞耻心。重新找回自己过去在他人的评价中丧失的尊严和权利，就是努力的开端。

9. 消极的信念：世界存在很多问题，人生就是问题的延续

“因为不能死，所以活着啊。”“人生充满各种问题。”

这种信念会引发担忧。凡事做出悲观解析，就算一切进展顺利，也会担心产生不良后果；好事都是偶然，坏事都是必然。忽略人生积极的一面，只看到悲观和消极的一面，任何事开始之前都要首先预想最差的结果才会安心。在其他人看来，这种人总是怨天怨地、忧心忡忡。如果父母是这种信念强烈的人，孩子就会从小受到影响。明明具备很强的问题解决能力，内心深处却害怕做出决定，对未来感到悲观。

人生就是问题的延续，不论怎么努力，也只是某种成本增加罢了。认真工作有什么用，不被裁员就谢天谢地了；认真存钱有什么用，又买不起房子。付出只会遭受背叛，大多数骗子却过得很好，这就是如今的社会。我无法积极思考，或者对什么事情有所期待。集体生活刚开始看起来还不错，后来却不断觉得自己只是一个局外人罢了。大家都说我太悲观了，但是人生就是如此啊，能有什么办法呢？

→ 如果符合这种情况，可以写下并分享你的经历。

→ 如果身边的人有过这种经历，写下并分享一下。

以健康成人的视角重新审视

一定要记住生活中的小成功、小快乐，并保持感恩之心，这种训练很重要。人生不能只求意义，还要有乐趣。忽略好事，只看到坏事，这种人生会有趣吗？在我们的人生中寻找有趣的部分，在人际关系中寻找感恩的细节，并将这些与他人分享，这个过程是十分必要的。就算做错了什么，也应该自我激励，相信总有一天会做好。这种做法可以减轻身边的人因为我们的消极信念而产生的疲惫感，我们自己也会感到幸福。我们可以通过不断练习，庆祝生活中的小成就，并且认识到，那不是一种偶然，而是我们努力的结果。就算是一件微不足道的小事，也要对自己说："还是挺开心的。""结果也不错。""一定能做好的。"发现问题的同时，也要寻找好的一面，达到心理的平衡。

10. 特权意识的信念：我和其他人不同，我很特别

特权意识的概念，是认为自己"与众不同"。如果持有这种信念，就会认为别人"不配"，并且表现在行动中。社会中某些"作威作福"的人，也属于这种类型。这种人完全不考虑他人的感受和立场，意识不到他人因为自己的自私自利所承受的痛苦。如果从小娇生惯养，认为他人为自己服务是一种"理所当然"，就有可能形成这种信念。不过，如果完全没有被任何人保护或善待的经历，也可能会让人产生这样的信念。如果持有这种信念，说话就会颐指气使，不受他人待见，令人想要敬而远之，不愿与之交流。不付出任何努力，不经过合理的过程，不使用正确的手

段和方法，只想享受特权，无视他人，炫耀自己的优越感，这种信念会导致一个人在社会中被孤立。

> 我最重视的就是“特殊”，因为我会因此得到保护。不管别人怎么想，我都不在乎。我觉得，最重要的是我比其他人有能力，所以值得那种优待。反正每个人都会向强者低头，与其成为那个点头哈腰的人，不如成为一个接受这种优待的人。
>
> **→ 如果符合这种情况，可以写下并分享你的经历。**
>
> **→ 如果身边的人有过这种经历，写下并分享一下。**

以健康成人的视角重新审视

一位学员曾经表示，他最讨厌自己的组员说“不”这个词。每次听到这个词，他就会情不自禁地在心里想：“他居然敢在我面前说‘不’？”他无心理解别人为什么要说“不”。组员在上司面前说“不”，必然事出有因，他却不愿倾听，反倒责怪组员。他之所以这么做，是因为他的信念。持有这种信念，就会在生活中遭到众人的孤立。退休、离婚、年老、离别、儿女独立、与朋友疏远等，当身边发生了这些变化，从而导致他没有机会再责怪他人时，他才有可能意识到自己的这种信念。

遇到这种情况，应该首先写下自己的行为所导致的最坏结果。然后，仔细考虑一下，就算结果不如所愿，也要坚持自己的行为，这样做是否值得？最后，需要认识到每个人的可贵与被尊重的权利，每个人都是独一无二的存在。

11. 屈服的信念：你看着办吧

“随你喜欢，我都可以。”如果你经常说这种话，认为表达出自己的需求很不好意思，反倒遭受损失会心里好受一些，那你就是持有这种信念的人。如果特权意识强烈的职场上司和屈服信念强烈的组员一起工作，这个组员的人生会变得如何呢？善良的人总是被利用，暴力的人总是会取得胜利，这种现象会令人感到愤怒吧？如果一个人因为自己的欲求而感到抱歉，或者担心说出自己的需要之后会遭到惩罚，可能是因为小时候有过被父母压制的经历，或者被迫做出谦让时经常听到“真棒”“真乖”之类的夸奖。

你也如此“善良”吗？如果这种生活使你感到不幸福，就不要再为了“善良”而屈服。因为这种“善良”的结果不仅会给我们带来不幸，还有可能遭受他人的暴力。

我不喜欢看到其他人痛苦的样子，因为每次都会感到很自责。在公司总是会先考虑上司和同事的需求而忽略自己，对家人和朋友也是一样。我从小被大人夸赞“很乖”，觉得这样心里更加舒坦。我的个人欲求当然也很重要，但是避免他人的痛苦会更加重要。我相信只要我表现得够好，对方一定会理解我。如果我偶尔做得不好，尤其是在公司里出现这种情况，就会埋怨自己，内心也会非常受挫。

→ 如果符合这种情况，可以写下并分享你的经历。

→ 如果身边的人有过这种经历，写下并分享一下。

以健康成人的视角重新审视

对他人表达“不”的意愿，这种练习真的很重要。当然了，如何恰当地说出自己的需求（请参考第五章的“拒绝”）比“不”字本身更加重要。不能再让别人这样随意地操纵我们了。我们应该勇敢地向对方表达出自己的需求和感受，这种练习从认识自己的需求和感受开始。“我现在很悲伤，我想得到认可。”我们的练习将从这种认识开始。“就算我不说出自己的需求，别人也可以理解”，首先要改变这种想法。我们一起慢慢做出改变吧！我们已经足够善良了，从现在开始，鼓起勇气学会表达，我们完全有资格、有权利那么做。

12. 压制感情的信念：表达感情是不对的

“表现出自己的感受会很危险。”“没必要说出你的感受。”“感性不是件好事。”在这种信念的驱使下，我们会因为担心无法控制自己的行为而感到不安。因为我们可能会认为，反正意识到并说出自己的感受也不会带来什么好事，何必说出来呢？如果不想惹麻烦，就要抑制住自己的感情，不要表现出来。如果一个人从小在家庭中没有表达自由，很少被表扬和鼓励，只会遭受批评与指责，心里很可能会聚积起一个巨大的感情疙瘩。如果这种信念过于强烈，不仅难以表达自己的感受，还会无法理解对方的感受。这种人可能看起来冷静而理性，或者正直而无趣。

我相信理性的人生才是正确的。在他人面前流泪，表达自己的感受或者分享自己的内心想法，我可做不到。这种事想想就觉得浑身起鸡皮疙瘩，尴尬得很。不仅如此，我想要发脾气的时候也会忍住。我觉得，处理自己的感受是个人的事情，对他人表达并没有什么好处。所谓感性，不就是冲动吗？人是一种理性的动物，为什么非要做出一些感性的表达呢？我想成为一个理性的人，不想成为感性的人。

→ 如果符合这种情况，可以写下并分享你的经历。

→ 如果身边的人有过这种经历，写下并分享一下。

以健康成人的视角重新审视

化解这种信念的最佳方法是，每天寻找并体会自己的感受，并且表达出来。此刻感受如何，可以用什么词语表达，通过这种认知与表达，就可以发现人是一种感性动物。通过电视剧、电影、音乐等随时体会自己的感受，是一种非常有用的练习。除了解决问题和理性思考，认识到自己和他人的感受也是非常重要的一环。因为决定人类行为的各种因素中，不仅有思维，还有感情。我们的心中充满了各种感情，只是我们意识不到而已。我们会在以后的练习中逐一体会并释放这些感受，不再忽视它们的重要性。

13. 严苛标准的信念：还不够好

“必须做到完美！”“还差得远呢！”“还要更加努力。”你听过这种话吗？是否会以这种方式督促自己呢？不论别人如何认可，你却总觉得自己差劲，那就有必要考虑一下自己是否持有这种信念了。

我认识一个人，他取得了很多学位，却依然觉得自己学问尚浅，不断挑战各个专业的博士学位。他努力学习不是因为趣味性或者好奇心，而是为了弥补自己的学识不足，想要成为他认为的最优秀的人。许多像他一样“工作狂”的人也可能是因为受到了这种信念的影响。从小经历“有条件”的疼爱，或者经受过失败的打击，就有可能产生这种信念。这种信念与缺陷感关系密切，会导致我们难以形成健康的自我观念。凡事都必须做到完美，必须在竞争中取胜，热衷于展示自己的财富或者至高无上的社会地位，都是受这种信念束缚的表现。如果父母或者公司上司的这种信念过于强烈，孩子或者下属就会因为得不到认可而表现不佳。这种情况下，对话通常十分刻薄，会严重威胁双方关系。

“我对你真失望！”听到这句话的那一天，我崩溃了。我真的不想听到这句话。我一直相信人要不断努力。我不愿意麻烦他人。不论什么事情，我都想努力做到最好。我相信学习是无止境的，不断磨炼自己才是真正的人生。不过，我觉得自己在很多方面还有很多不足，所以需要继续磨炼，不断鞭策自己成为一个更好的人。

→ 如果符合这种情况，可以写下并分享你的经历。

→ 如果身边的人有过这种经历，写下并分享一下。

以健康成人的视角重新审视

这种信念为什么不好呢？这是因为，如果我们被这种信念束缚，就会感到无趣，变得不幸福。为了成功而活，反倒很难取得成功。渴望更快升职，渴望学习更多的知识，渴望变美、变瘦、变富……定下一个非常严苛的标准，实现之后又再定下更高的标准，是永远得不到满足的。童年的自卑感需要以此获得补偿，这种心理问题便是源于这种信念。我们应该明白，人生并非只有成功和失败，还应该享受过程本身。对话的目的并不是解决问题，而是理解对话过程本身。

首先，我们一定要降低严苛的标准。不妨尝试饭后推迟洗碗时间，或者每隔两天清扫一次地板，周日只休息不学习。此外，还可以对所爱之人说一句“谢谢你的努力”，告诉自己“不完美也没关系”。

14. 惩罚的信念：做错了就一定要受罚

“犯错就要付出代价。”“坏人必须受到惩罚。”

持有惩罚信念的人不懂得宽恕。这种严苛不仅针对自身，对待他人和社会现象也是一样。

如果一个人从小被父母严加管教，这种信念就会越来越强。宽恕、理解、和解，如果生活中缺少这种经验，受伤害后未能得到补偿，惩罚的信念就会越来越强烈地扎根于我们的内心。如此一来，我们会更加自责，还会认为受罚是理所应当的。这种信念是人性宽容的缺失。

不论是谁，只要犯了错，就应该受到惩罚。在错误面前，坚决不能宽容。如果我的孩子考试没考好，我一定会惩罚他。同时，这也代表我作为父亲的失职，我也会让孩子惩罚我。我承认这种做法有点过分，但我认为彼此惩罚是理所当然的。一旦开始宽容错误，社会秩序就乱套了，因为那样人人都会随心所欲。

→ 如果符合这种情况，可以写下并分享你的经历。

→ 如果身边的人有过这种经历，写下并分享一下。

以健康成人的视角重新审视

任何人都会犯错，也会通过试错不断学习和成长。然而，如果一个人完全不理解为什么会犯错，只看重结果，认为惩罚和指责理所当然，又如何做到宽恕与和解呢？孩子如何继续挑战呢？如果一切不看过程，只评价结果，会有人愿意率先尝试吗？

努力倾听，不要把他人的解释当作辩解，做到这一点非常重要。先试着以一颗宽容的心对待所爱的家人和朋友。负责和受罚略有不同，试着一起探讨健康的负责方式，以宽恕与和解取代惩罚。我们以后也会继续练习这部分的内容。如果惩罚的信念过于强烈，人就会变得冷漠、孤独。

无法解决矛盾的原因

简单总结一下前面的内容。如果感到不适，就会像下面这样习惯性地被自动思维束缚，以主观的方式解读对方的意图，并且表现在对话与行动中。

“居然和妈妈顶嘴，看来你现在完全无视妈妈的存在！”

“我主动问好，他回答时居然面无表情，看来他根本不喜欢我。”

“我给他发信息，他从来不第一时间回，真没礼貌！”

“丈夫从来不会向我表达爱意，真是一个没有感情的人！”

“又谈钱，妻子简直把我当成了赚钱机器。”

这些表达都包含一定的主观解读。

自动思维会根据过去的经历、学习和性格而有所差异。在这个过程中，认知误差是把自动思维转化为话语的推动力。各种自动思维被束缚在一个“框架”中，引发我们的冲动言行。最终，矛盾非但不会得到解决，还会越发严重。自动思维在框架中逐步强化的循环过程如下。

1. 身体感觉、感受

如果出现某种状况，就会以自己的思维框架进行解读，并且产生相应的身体反应（脸红、流汗、嗓音和双腿颤抖等），以及不安、愤怒、悲伤等感受。

2. 安全行动

如果出现身体感觉、心理感受，就会习惯性地出现身体的自动反应，也就是为了自我保护的“安全行动”（逃避、攻击、僵硬）。

语速加快 - **逃避**

大声呵斥对方 - **攻击**

大脑一片空白 - **僵硬**

3. 心理现实化

采取安全行动的同时，我们也暗示了自己担心的事会变为现实。因此，社会性自我会变得脆弱，在社会关系里也会畏首畏尾。比如，如果认为“那个人好像讨厌我”，眼里就会只看到相关情况，自己的自信心就会下降，人际关系也会变得尴尬。只接收和自己的信念一致的信息（那个人好像讨厌我），忽略与这种信念不一致的信息，称为“证实偏差”。这种倾向会导致心理现实化愈发严重，陷入“认知误差”，只想保持思维的一致性。这种思维可能会导致客观性的丧失，引发不好的对话结果。

我看到谈话时看手机的人就会认为“那个人一定非常讨

厌我”。

我在公司提交了报告书，上司却没有任何回应，我会觉得“又完蛋了，我彻底没救了”。

4. 歪曲的核心信念

最终，这种现实化激活了主观歪曲的核心信念，在人际关系中自动形成“孤立的恶性循环”，会让人把自己的情绪责任怪罪到对方头上并责怪对方，或者认为所有一切都是自己的错。结果便是，人们不但违背了自己的内心，也很难维持与对方的关系。如果这种情况持续反复，就会导致不和谐的人际关系。

自动思维：“我一定是很差劲，所以才得不到认可。”

- 不安

→ **身体感觉**：出冷汗，手脚冰凉，心跳加快。

→ **安全行动**：暗中躲着部长。

→ **现实化**：（部长看到我的这种表现）“你那么消极，是很难适应集体生活的。”

→ **歪曲核心信念**：“果不其然，像我这么消极的人无法成功。”“我现在做什么也不行了。”

决定对话的核心信念

心理现实化造成歪曲的核心信念，歪曲的核心信念表现出来则为语言和行为。这些因素会决定我们的人生，对我们的人际关系产生很大的影响。意识到这一点，就会逐渐理解我们的人生，以及其他人的人生。一起进行对话练习的很多学员表示，借助这样的意识，他们理解了之前无论如何也理解不了的“那个人”。

因此，想到核心信念，我们有时会泪流满面。形成核心信念的经历令人心痛，将这种信念误以为真并且怨恨对方的那段时间也是同样让人难过的。一起看下面的案例。

“我不是个好人。”

“我走到哪里也不合群，这辈子都会是孤身一人。”

“大家都在利用我。”

“反正怎样做都不行。”

“这个世界弱肉强食，我绝不能表现出真心。”

“说不定我什么时候就会遭殃。”

这种核心信念会成为关系和对话的陷阱，导致在生活的刺激中出现冲动的言行。歪曲的核心信念会让我们看不清事实，阻断我们观察对方言行的视线，使自动思维越发强化，加深我们在人际关系中被孤立的感觉。最重要的是，它会成为我们追求自身健康和幸福的拦路石。俗话说：“可以怨恨罪过，不要怨恨他人。”

我想把这句话改写一下："理解了信念，就会宽以待人。"秉承的信念与由此形成的处世方式，便是我们的性格。"人是不会变的"，这句耳熟能详的话可以转换为"信念不易改变"。不过，我目睹过很多人的改变。只要正确认识到自己的信念，努力改善关系、主动制造幸福的瞬间，刻板的信念就会瓦解，变成一个温和而健康的人。

沟通式对话练习

"我们会通过自己心里构建的框架来审视世界。不过，我们有必要摆脱这种内在束缚，获得自由。请打破并走出这个框架。"

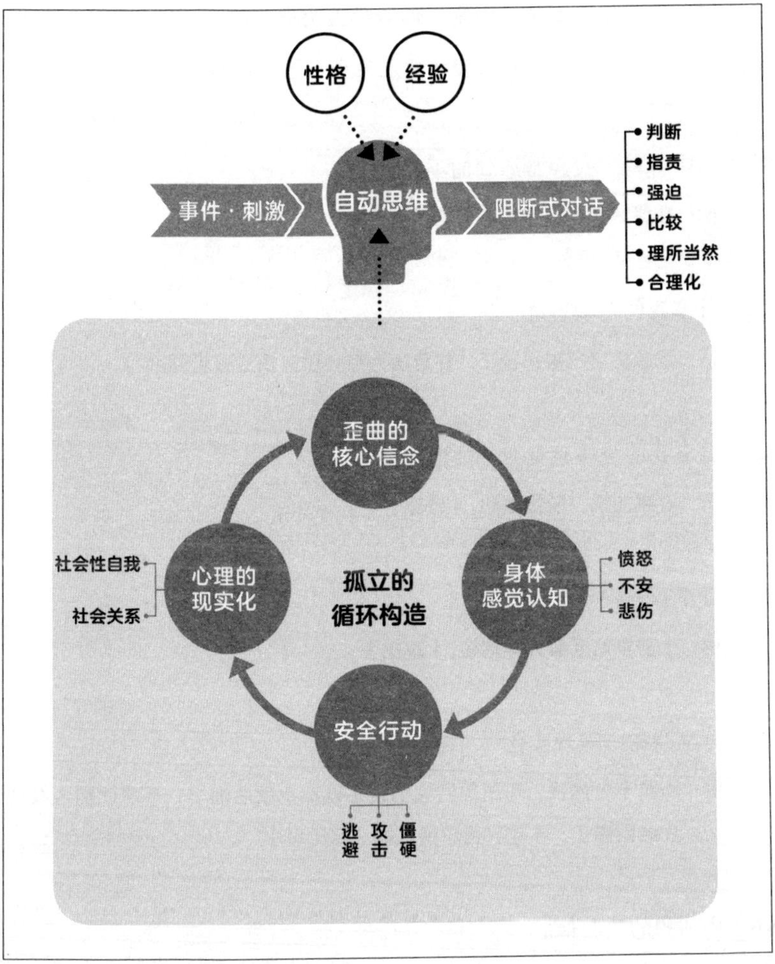

拍下这张图，设为手机背景画面，随时查看并进行以下对话练习。

如果你反复遇到某种困难，可能是因为处于孤立的循环之中。如果有过这种经历，就要对照图表和朋友分享自己的经验。

（1）思考并写下我经常遇到的不悦情景

例：在餐馆看到不亲切的服务员时。

（2）分享我的自动思维

例：我感觉自己被忽视了，并且认为那种服务员应该受到惩罚。

（3）分享我的身体感觉与心理感受

例：心跳加快，情绪激动。（愤怒）

（4）分享我的安全行动

例：上前争论或者大声指责。（攻击）

（5）分享我的心理现实化

例：当时十分痛快，可是想到人们会不喜欢我就后悔了，不想让别人看到我这副样子。不过，我总是这样“忍无可忍”。

（6）概括我的核心信念

例：我不想被忽视和利用。如果看起来太好欺负，就会被人忽视。（不安的核心信念）

拿着工资，却不好好工作，就应该接受惩罚。所以服务员应该对客人非常亲切。（处罚的核心信念）

沟通式对话练习

（1）分享我的专属固有核心信念：分别写下积极信念和消极信念。

1）对我 ____________________

2）对世界 ____________________

3）对人们 ____________________

4）对我的家人 ____________________

5）对我的人生 ____________________

6）对妈妈 ____________________

7）对爸爸 ____________________

（2）写一写自己为什么会这样认为，想起什么写什么，然后进行一对一或者四人一组的详细交流。

（3）聆听的人保持沉默，试着理解发言者。

“信念是每个人固有生活的痕迹。

现在我们需要一颗心，明确这种信念，

并且深刻理解与接纳持有这种信念的自我与他人。”

Chapter 2

沟通式对话：建立幸福关系的对话方式及其要素

观察

如实描述所见所闻的能力

区分观察与自动思维

如果我们可以做到如实地看与听，就会有更多发现，而不是局限于自己的瞬间思维。当下流行的正念（Mindfulness），强调的就是如实地接纳我们的思维、感觉和情绪，即以观察为基础的接纳。

为了进行健康的对话，这种正念态度十分重要。正念，是指不作任何判断，如实观察对方的外表、思维、现象、语言等一切。观察是正念的核心，同样适用于对话。

保持正念时，可以真实地认知自己的所感所想。通过这种训练，我们会得知“心里的思维”令自己多么痛苦，随意判断对方多么令人讨厌。不仅如此，我们还会看到自己心里迫切想要什么，明白如此想要的原因。切身体会过之后，我们就会明白：就算现实没有发生任何改变，面对现实的心却十分平静。所以，人们近来才会如此热衷于正念冥想：我们渴望去往一个寂静的地方，远离日常喧嚣，在沉默中度过完全属于自己的时间，进行治愈和康复。

不过，深度冥想不是独自坐在偏僻之处，而是通过我们日常为人处世的经验而进行的训练。如实观察我现在所处的位置与经历的所有，通过这种正念练习，理解并放下判断自身与对方的态度，只把意识停留在“此刻－此地”。在和对方对话、建立关系的过程中，就会明白这种训练的效果。理解训练在日常生活中的表现，应该就是体恤和怜悯吧。因为这种正念训练的结果，正是表现为通过观察而接纳自己的承受力，以及拥抱他人的怜悯之心。

再次回到观察，我也通过观察训练明白了“如实看、如实听”是多么难，意识到自己以前总是在判断对方。那些判断大多不是事实，我却信以为真。长此以往，判断思维就会加强，如实观察的能力则随之下降。

我们看到的同时，忘记了所看到的东西，只记得自己的判断。不记得听到了什么，只记得自己对这句话的判断。

前面讲过阻断对话的原因是自动思维，那么，如果不进行消极判断或者责备，生活该有多美好啊。只不过，我们可能毕生无法做到这一点。

对话训练的目标绝对不是“停止自动思维”，而是“理解自动思维”。

这两个目标有着明确的区别。这种差别可以解释为，判断“那个人是利己主义者”与认识到“我认为那个人是利己主义者”。前者是确定某个人是“利己主义者”，后者则明确认识到那是“我的思维”。也就是说，后者包含三种可能性：①保留了对方可能不是利己主义者的余地；②认识到这只是我的思维；③虽然我认为他是一个利己主义者，但是他也可能存在其他面貌。

我总是怨恨离婚的父母，无法忍受父母离婚带给我的伤害。“父母离婚是一种耻辱”，这种思维总是像标签一样跟随着我，导致我无法和任何人随意地聊起这件事。学习对话课程时，我最大的收获就是认识到自己的这种思维：“原来我认为父母离婚很羞耻。”只是认识到这一点，就有了另一种可能性，即这件事可能是羞耻的，也可能不是羞耻的。包括我在内，很多人可能这样认为，也可能并不这样认为。知道每个人都会有不同的思维后，我释然了。

此处的核心是观察。如实看、如实听，这种努力的态度就是我们对观察的定义。表达时尽量不要加入自己的思维。观察是对话最重要的开始，同时也是一种让对方放松地加入对话的舒适方式。

说话，是此刻的我们正在讲述过去的事情。刚才经历的事情已经是时间上的过去。我们的记忆会随着时间的流逝而模糊，接着会对经验产生歪曲，所以很难确定是100%的事实。因此，虽然尽可能如实观察与讲述，承认“那未必是事实”的态度也很重要。表达自身记忆与观察的同时也要聆听对方的观察，这种态度是对话练习的第一步。

现在，我们具体学习一下“观察”，并练习区分“判断”和“观察”。

观察练习，寻找平常心

我们每天会经历大大小小的情况，那些情况是一种刺激。如前所述，那些刺激可以使我们变得幸福或者不幸。如何适应这种日常刺激，会决定对话、行动和关系的质量。

不过，我们处理某些事件时，有时会出现“基本归因误差”。我们大多会认为自己的问题是“世界和环境的错”，对方的问题则是“人的错”。这种现象称为“基本归因误差”。我们所说的“只许州官放火，不许百姓点灯”，也属于这种判断。

不妨以“我上班迟到”和“同事上班迟到”为例。

> “我迫不得已才迟到，因为堵车了。”
>
> “他今天迟到了，这个人真不靠谱。”

此时，我们可以采取的有效方法是，如实观察外部刺激。不过，我们更习惯于在观察的同时陷入自动思维、分析情况并进行判断。所以，我们应该从观察微小的事物开始，练习观察日常和人。

周围的人与事、对方的一句话、对旧事的回想，看到的所有事物在一瞬间都可能引起我们的注意。“啊，那个哦。”产生这种思维的瞬间，我们会看着或者用心聆听那个对象。引发我们注意力的有意义的对象、唤醒我们感觉的对象，就是刺激。一起来做个小练习吧！

→ 从现在吸引视线的周围的物品中，选一个拿过来。

例：运动鞋

→ 看着我拿来的物品，理解自己的“判断”和“观察”。

→ 判断：运动鞋很旧。/ 这双鞋过气了。

→ 观察：三年前，我过生日那天买了这双鞋。/ 我最近没见过有人穿这双鞋。

- **判断**：
- **观察**：

我们看到或者听到什么有意义的东西，就会相信脑海中浮现的自动思维，并且告诉对方。如果此时产生的自动思维，不是像上面的示例那样关于某件物品的，而是关于人的行为或者品格的，则对方非但不会积极参与到我们的对话中，还有可能攻击、回避或者辩解，甚至出现更大的抵触情绪。

“你真是又懒又脏。”

→ 太忙了，昨天没空洗澡。- **辩解**

→ 你又有多干净呢？- **攻击**

人们大多会通过两种方法分析当前状况。

1. 通过一段时间内接收到的信息进行分析

   例：不洗澡，同一件衣服穿了好几天。

2. 以此刻自己所经历的情况或者状态为基础进行解读

   例：你看，你的运动鞋真脏。

→ 所以，你是一个又懒又脏的人。

通过这个例子可以得知，我们以自身经历的主观状态为基础，即兴进行判断和评价。但是，对方通常并不同意这些判断和评价。所以，想要进行自然舒适的对话，比起以自动思维进行判断，以观察为基础的对话更加柔和，可以帮助消除抵触情绪，即通过理解刺激的观察训练，可以缩小对方与自己的观点差异。这是培养对话态度与技术的重要过程。

房间太脏了。→ **“不脏啊。”（不同意）**

桌子上有只袜子。→ **“咦，是的呢。”**（可能同意）

观察就是如实表达所见所闻，有意识地去客观审视事物、对方、行为、言语，以及在脑海中浮现的思维与感觉。

关于注意刺激、如实观察，正念减压疗法的开发者卡巴金教授曾经如此说道：

> “只要注意自己的内心，你会立刻发现自己通常对所有的东西都做着这样那样的判断。认识到这一点是有益的。关于那个判断，没有必要再次进行判断或者尝试改变。只要认识到那是一种‘判断’就够了。那么，你就会产生如实看待的分辨力。”
>
> ——卡巴金《不分心：初学者的正念书》（*Mindfulness for Beginners*）

我们已经习惯了以过去的经验为基础，尽快判断并处理刺激。以这种判断和评价处理问题，可能会“高效”且“快速”，但对“人”进行这种轻率的判断与不确定的评价，“我们的关系”可能会变得十分痛苦。不要计较情况是否真实，也不要互相判断，而是通过观察如实看待情况和对方。这种方法不仅可以发现更多的欲求和情绪，还可以探索更好的对策。我们将逐渐学习并练习这部分的内容。

沟通式对话练习

下面进行观察练习。

（虽然也可以独自对照书本进行练习，但是多人练习会更加有效。）

认识：练习“事物观察”

- **一对一练习**

  拿来某件物品，和搭档一起观察，尽量写下更多描述。

- **分组**

  分组表述之后，彼此分享意见，是否同意某个“观察”。

例：运动鞋

1. 白色的运动鞋。
2. 鞋带是黑色的。
3. 印有英文字母 Adidas。
4. 这是一双圆头鞋。
5. 这双鞋是皮质的，还有一些圆形的小孔。
6. 小孔的直径大约是 2 毫米。
7. 鞋底上印着“270mm”的字样。
8. 鞋底和鞋帮底部边缘是橡胶材质。

沟通式对话练习

认识：练习“事物观察”

- **一对一练习**

  各自写下五个判断日常的句子和作为判断依据的“观察”，并与搭档分享。

- **分组**

  分组表述之后，彼此分享意见，是否同意某个“观察”。

例：我今天非常漂亮。- 判断

1. 凌晨 4 点 40 分起床，出门时看了一眼手表，是 5 点 20 分。
2. 亲自开车去了首尔站，6 点到达，买了紫菜包饭，6 点 20 分坐上了火车。
3. 旅途三个小时，回复了 12 封邮件。
4. 下了火车，打车三十分钟，到了授课的地方。
5. 讲了六个小时的课，再次坐火车回家。

（1）我的日常评价（判断）：

（2）我的观察内容：

沟通式对话练习

认识：练习“事物观察”

- **一对一练习**

  各自写下判断对方的句子和观察内容，并与搭档分享。

- **分组**

  分组表述之后，彼此分享意见，是否同意某个“观察”。

例：评价对方的行为：那个职员工作很认真。

→ 他昨天给我发了一条信息：“如果您可以致电，我会尽力做到最好。请指出我的不足。”

例：评价对方的行为：我的同事完全不会看脸色，总是说一些蠢话。

→ 那个人和我的组员开会时，眼睛看着我并对组员说：“跟他工作很辛苦吧？你肯定很累，因为上司是这样的人。”

（1）我的日常评价（判断）：

（2）我的观察内容：

- **附加练习**

例：那个人太不爱说话了。

→ 四个人晚饭聚餐三小时，他只说了三句话。

1. 我老公是一个吝啬的人。

→

2. 我们家孩子很难和朋友深交。

→

3. 那家店主是一个非常亲切的人。

→

4. 我们组的朴代理没什么想法。

→

5. 我妈妈总是推卸责任。

→

6. 他真不配当老师。

→

7. 那个人非常高尚。

→

8. 我的上司是个老顽固。

→

情绪与感觉

身心感觉到的重要信号

我们活着的第一个证据——感觉

我坐飞机时会感到呼吸困难。尤其是飞机关上舱门，起飞之前在跑道上全力加速，我的身体感觉就会开始发生剧烈变化。我从小就有恐慌症状，多亏了几年的理解练习，变得适应了一些，不过现在对飞机内的体验依然不是很喜欢。

几年前，我和一位朋友去新加坡旅行。我在登机时较以前舒适了很多，不过依然在飞机离地时感到紧张。飞机开始在跑道上加速时，我看着朋友问她："你没事吗？"朋友很快明白了我为什么问这个问题，她笑着抓住我的手，看着我的眼睛回答道："宰莲，你现在和我在一起，别多想。"

听完朋友的回答，我明白了我的某些思维（飞机下面是高空。如果这架飞机坠毁怎么办？如果我再也见不到儿子了该怎么办？）会令自己感到十分不适。然后，我试着转变思维，“我现在只是和朋友在一起而已”，慢慢做了几次深呼吸，身体很快开始变暖，肌肉也变得松弛了。

通过我的事例可以发现，思维可以产生感觉，也可以改变行为。我停下了紧握拳头、抓住把手并确认安全带的行为，开始和朋友对视，聊起了旅行计划。

→ 写下并分享心跳加速的经历。

→ 写下并分享眩晕的经历。

→ 写下并分享感觉身体发热或者发寒的经历。

像这样，感觉和情绪就像是向我们传递某种信息的红绿灯，告诉我们自己需要休息或者他人需要照顾。不过，有时太执着于感觉背后的思维（如“他可能看不起我”“说不定我会累倒”），身心就会陷入痛苦之中。

能够对“感觉”做出最准确解释的代表性事例便是恐慌症。我们的思维，其实长期支配着自身的感觉和情绪。如果在某种特定情况中觉得受到威胁，就会明显产生担忧和各种身体感觉（眩晕、发寒、呼吸困难等）。经历身体不适感的同时，还会开始进行预测严重后果的危机分析（即灾难化：对死亡的恐惧，惊慌），由此引发的不安再次加重身体的感觉，从而导致更极端的分析，形成恶性循环，最终引发恐慌症。

我们在观察某物或者进行思考的时候，身体会自然而然地产生感觉与情绪。

比如，走在黑暗的夜路上，如果认为（看到或者听到）有人在身后跟着，就会产生全身发抖、起鸡皮疙瘩、心跳加速等感觉，继而引发恐惧、惊慌等情绪。感觉和情绪像是一对双胞胎兄弟，在日常生活中也会保持一致。早晨起床之后，身体发送了感觉“无力”的信号，就会自然而然地伴随着“今天好累”的思维。如果继续集中于这个思维，就真的会变得无力，进而忧郁。反之，如果睁开眼睛时感觉活力十足，就会集中于“今天真有干劲”的思维，变得更有活力。我们能够产生这种感觉，表示我们的身体机能正常，是正在活着的信号。如果我们的身体死去，不再具备这种机能，就不会产生任何感觉。

我们活着的第二个证据——情绪

“我们不愿意理解感觉，却想跟着感觉走。”

假设有人掐了我们的胳膊，我们都会对此有感觉，因为刺痛的感觉很明显。

1. 情绪会根据思维的不同而有所改变

如果对方是我们十分讨厌的某个人，我们会产生什么情绪呢？

我们可能会有这样的思维和情绪："这个人怎么总是这么随便？""真是令人不爽。"

反之，如果对方是我们深爱的恋人或者喜欢的朋友，我们的思维便会有所不同："这个人真可爱，为什么总是和我开玩笑呢？""真好奇他为什么这么做。"同样是"掐"这个刺激，我们的情绪却随着思维的改变而发生了改变。

我坐飞机时，不安的情绪可以转变为舒适的情绪，是因为看到朋友在身边，就改变了思维。我们被掐了一下，也是同样的情况：如果对方是我们讨厌的人，我们就会认为"烦死了，那个人为什么掐我"；如果是我们朋友或恋人，我们可能会觉得"他想和我开玩笑吗"。

2. 情绪会根据需求、欲求的不同而有所改变

"尊重"或者"身体安全"的欲求可能会导致不悦，"理解"欲求则会令人感到好奇。我们会根据"需求"的不同对同样的刺激（掐）产生不同的情绪。我在飞机里，安全的欲求十分重要，所以感到不安；意识到和朋友在一起的瞬间，安心的欲求得到满足，产生了安心的情绪，即情绪是告知我们的需求或者欲求是否得到充分满足的信号。

3. 情绪与思维有必要进行区分

我们在对话时，有必要区分对他人行为或者言语的"分析"与自己内心的"情绪"。人们表达自己的情绪时，通常会混淆思

维与判断，有时还会搞不清自己此刻的情绪，于是压抑情绪，只表达思维。因此，我们会把情绪区分为好与坏、积极与消极，然后进行回避或者抑制。不过，身体的感觉和情绪会如实告诉我们某些事情的信号。

老师问我得知升职时的情绪如何，我除了“很好”“太棒了”，想不出其他词语。老师又问了几次我的情绪，我逐渐变得迷惑。很好、太棒了、开心……我把自己知道的所有表达都用上了，老师却说这只是我的思维，而不是情绪。

老师问我身体发生了怎样的变化时，我这才意识到“心跳加速”“身体发热”，说出了表达情绪的词语“兴奋”“激动”。“升职感觉如何？”如果听到这种升职祝贺，我总是会礼貌地回复：“我现在应该更加努力，才对得起这个职位。”

现在想来，平时从来没有人问过我“什么心情，情绪如何”。大家会问“怎么办”，却不关注我的情绪如何，或者对方也不懂情绪。

我以前总是只关注好与坏，不想感受消极情绪，或者试图将其消除。但至少在自己的孩子面前，我想成为一个可以表达情绪的父母。

如果一个人成长于不能如实表达自己情绪的家庭，那他通常会以消极的方式压制或者回避自己的情绪。

如果可以正确理解情绪，就能很容易地从歪曲的思维中恢复，并产生好好听对方讲话的心灵空间。这种做法会成为理解彼此的需要与行动的根本力量，即可以细致地理解自己情绪的人，不仅可以健康地管理自己的情绪，也可以在与他人的交往中更好地传达自己的立场，因此能够建立更满足的人际关系。也就是说，恢复关系的起点是细致地理解自己的情绪。

现在，我们一起来练习一下感觉和情绪吧！

情绪可以通过“达成愿望时”与“未达成愿望时”浮现的心理信号进行练习。对照下一页的表格，进行沟通式对话练习。

情绪表

达成愿望时的心理信号（情绪）		未达成愿望时的心理信号（情绪）	
舒适	安稳	暴怒	不安
宽容	活跃	生气	烦躁
神气	入迷	冷淡	泄气
放松	好奇	委屈	郁闷
镇定	激动	不爽	困惑
安慰	愉快	焦躁	困扰
安静	惊喜	不舍	难堪
悠闲	感动	悲伤	麻木
满意	兴奋	失望	呆滞
感谢	勇敢	无力	茫然
感恩	爽快	孤单	忧虑
放心	开心	痛苦	紧张
温柔	舒心	惆怅	惊讶
幸福	满足	空虚	羞耻
害羞	自豪	恐惧	挫折
喜悦	轻松	害怕	遗憾
着迷	清爽	疲倦	怯懦
希望	享受	劳累	怀念
期待		无聊	消沉

※ **情绪是达成愿望或未能达成愿望时传达的心理信号。**

沟通式对话练习

（1）安静地回想一下以前体验过的强烈情绪。

1）回想当时的情况，假设事件实际发生在此时此刻。
2）具体说说是什么事情，并分享当时的经历。
3）当时我说了什么话，做出了什么行为？
4）对方说了什么话，做出了什么行为？

例：几天前，我和朋友一起看了一场恐怖电影。我中途要求离开，朋友跟着我一起退场了。

（2）回想一下当时的感觉和情绪。

1）身体有什么感觉？
2）内心有什么情绪？

感觉	情绪
例：感觉眩晕，胳膊上起了鸡皮疙瘩，全身发冷。	例：紧张，恐惧。

构建关系的能量——情绪的相互作用

看一下这幅图。

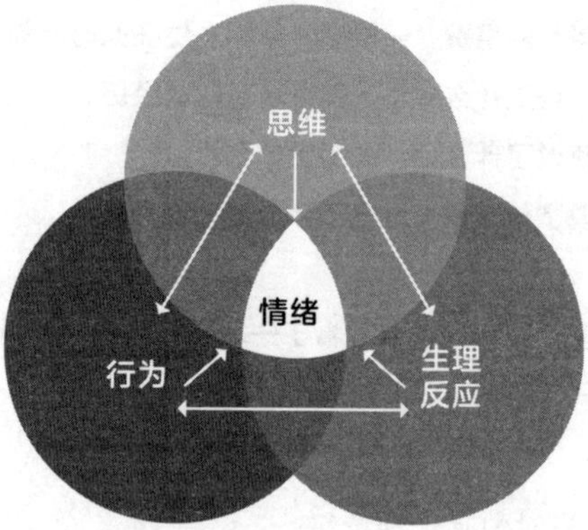

思维、行为、生理反应不仅会对情绪产生影响，也会互相影响。

1. 思维

我们不断在脑海中产生各种思维。这些思维可能是记忆、意象（心里浮现的形象）、对话或者自言自语之类的东西，也可能是指示、命令，或者规则、信仰等。思维会引发什么样的行为与生理反应呢？一起来看案例。

“我觉得自己太没用了。”→ 引发抑郁或者不安的心理

“我觉得自己很帅。”→ 引发喜悦与兴奋心理

如果一个人因为觉得自己毫无用处而患上抑郁症，会说出什么话，做出什么事呢？他可能不会再积极地参加聚会或者集体活动，而是选择独自待在家里。就算父母看到这幅情景之后劝他“出去”，他也会回答“我想待在家里，别管我”。如果一个人认为自己是最棒的，嗓音中也会充满力量，在人前挺胸抬头，能够大声说出自己的想法。这样一看，我们的思维会引发情绪变化，改变行为。不仅如此，在我们的对话中的动机也很多样。

2. 行为

行为是指表现出来的所有动作，比如与对方吵架、躲避与逃跑、僵在原地说不出话等。除了肢体动作，语言也属于行为的范畴。这些行为会影响我们的心理状态。

与非常亲密的朋友见面 → **引发喜悦与兴奋心理**

不断说出责怪的话 → **引发愤怒与痛苦心理**

我们都曾有过这样的经历：就算是心情忧郁的日子，如果与自己喜欢的人、深爱的人一起度过，就会变得开心、幸福。我们可能也有过被某人不断谩骂，直到逐渐发怒的经历。如果听到某人不断地指责其他人，虽然不是自己的事情，也会感到痛苦或者别扭。人会因为某种行为而产生情绪的变化。

3. 生理反应

我们的体内存在许多种神经递质，其中 5-羟色胺、多巴胺、内啡肽等物质会对情绪产生影响。大脑的构造状态（如大脑损伤与障碍）也会对情绪产生影响。

5-羟色胺不足 → **攻击性增加，情绪易怒**

去甲肾上腺素不足 → **心情焦躁、不安**

5-羟色胺是一种神经递质，会对一个人的心情或者情绪产生极大影响。如果分泌 5-羟色胺，就会感到幸福舒适，产生积极的思维；如果 5-羟色胺分泌不足，就会多虑、易怒，感到恐慌。此外，去甲肾上腺素会起到刺激交感神经系统的作用。如果分泌适当，不仅可以提高注意力，还能加快新陈代谢。我们进行适当的身体活动时，就会分泌这两种激素。也就是说，我们进行适量的运动时，身体会通过这种生理反应来进行情绪调节。

曾经有一位三十多岁的女性来访者，与父母沟通不佳，一边服用抗抑郁药一边上班。这位女士患有抑郁症，曾经整整三个月未出家门。她通过药物治疗，情况得到了很大改善，却依然制定了在住处附近散步的行动目标。她每天步行三十分钟以上，然后写下当天的心情，抑郁症状逐渐减轻了。因为坚持运动不仅可以强身健体，还可以打造一颗健康的心灵。伴随着运动，前面提到的大脑中的化学物质也会尽职尽责。良好的沟通，与这种身体条件有很大的关系。

沟通式对话练习

（1）所有人保持沉默，安静地回想一下最近“心情低落的经历”，并对相关事件进行说明。

（2）每个人安静地拿起笔，勾选出自己当时的情绪。

□无助	□失败	□无力
□被抛弃	□不像样	□没用
□悲伤	□挫折	□空虚
□完蛋	□不被认可	□怯懦

如果各位选择了“被抛弃”“失败”“完蛋”“不像样”“未能得到认可”“没用”，我认为这不是情绪，而是思维。

下面这个图表，可以帮助我们区分“自动思维”与“情绪”。

情绪认知明确性练习表

自动思维	区别于思维的情绪		
被抛弃	害怕	悲伤	孤单
被伤害	恐惧	无助	悲伤
不被认可	郁闷	委屈	无力
被攻击	恐惧	怯懦	暴怒
遭到背叛	愤怒	失望	无力

续表

自动思维	区别于思维的情绪		
被指责	恐惧	不安	畏缩
被孤立	不安	孤单	害怕
被束缚	压抑	生气	
被骗	失望	委屈	愤怒
被讨厌	孤单	悲伤	惆怅
被怀疑	绝望	委屈	
被忽视	惆怅	愤怒	茫然
被侮辱	生气	丢脸	无力
被妨碍	生气	烦躁	
受惊吓	不安	害怕	担心
被误解	不舒服	伤心	委屈
被压制	无力	不知所措	
被剥削	生气	疲倦	受挫
被过度保护	厌倦	无力	烦躁
被冒犯	生气	烦躁	
被控制	悲伤	压抑	无精打采
被拒绝	怯懦	惆怅	
快要窒息	害怕	绝望	
认为理所当然	悲伤	惆怅	失望
被胁迫	恐惧	害怕	怯懦
被欺压	无力	受挫	
不被爱	悲伤	孤单	悲惨
得不到支持	无力	悲伤	孤单
被利用	不安	委屈	悲伤
被侵害	恐惧	委屈	愤怒
被无礼对待	委屈	生气	愤怒

沟通式对话练习

拿起笔，对照情绪认知明确性练习表：

（1）选择并写下误认为是“情绪”的“自动思维”表述。

（2）选择并写下当时的“情绪”表述（如果表格中没有合适的表述，则进行补充）。

误认为是“情绪”的“自动思维”表述	当时的情绪表述
例：被抛弃	例：孤单，不安

（3）根据例句，进行对话练习。

“我认为自己被抛弃时，感到孤单与不安。”

“我认为自己被利用时，真的感到既委屈又愤怒。”

※ 每天对照表格，练习区分思维与情绪。

学习情绪的目的不是压制，而是接纳和调整

我天生性急。从小就听大人这样说我，包括父亲。现在的爱人也不例外，总是说我性急。我觉得自己似乎比别人情绪反应更快，可以感受到微小的幸福，也容易因小事生气。在“沟通式对话”课程的学习中，我理解到这可能是我天生的“情绪灵敏度”。我的情绪灵敏度很高，所以很快就容易产生情绪波动。得知这一点之后，我曾经非常伤心，可是经过十周的对话学习，爱人居然说我发生了很大改变。我以前总爱发脾气，现在虽然不是完全不再发脾气了，但是也能做出适当的调整。练习呼吸，不必克制情绪，理解情绪的名称，再进行有效沟通，问题真的解决起来容易多了。我感觉自己以后也能好好调整情绪。

每个人的性格、脾气各不相同。同样的事件和刺激，每个人的反应有所差别，也是因为对刺激的“情绪灵敏度”不同。

情绪灵敏度的决定因素有很多，包括刺激的强度与性质、个人的脾气与性格等。不过，只要花时间练习，就可以引起情绪变化。改变思维，或者做呼吸冥想，不要压抑情绪，顺其自然，这种练习的过程叫作“情绪调节”。

阿姆斯特丹大学的心理学家桑达·库尔以这两种反应维度构建了名为“情绪灵敏度”与“情绪调节”的假说模型。情绪灵敏度不易控制，情绪调节却可以通过个人策略来进行。与情绪相关

的发展心理学研究专家们表示，情绪灵敏度与环境会影响独立发展，情绪调节的策略却受到童年期与养育者的社会化相互作用的质量的影响，一直到老年阶段还会不断改善，即与情绪灵敏度相比而言，情绪调节可以进行持续训练。情绪调节的核心不是压抑情绪，而是接纳情绪。

请看以下图示。

理解情绪对我们的内心所产生的影响

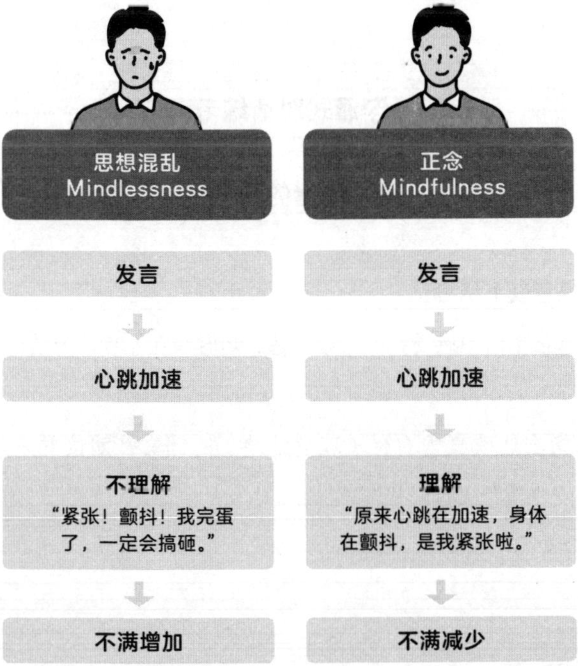

对我们而言，有的因素可以调节，有的因素不能调节。自然而然出现的身体感觉与情绪很难控制。如图所示，以在众人面前发言为例：心跳加速、紧张出汗，这些都是不可控的。同样，瞬间的恐惧与忧郁，也是无法控制的。

然而，如果我们可以正视这种感觉与情绪，就可以发现更多可以调节的思维以及心理因素。我要公开发言时，感到十分紧张的话，就会立刻意识到“我心跳加速”“我紧张到颤抖”，做几次深呼吸，或者说出“我现在有点紧张”，就能够平复心情，消除紧张。

沟通式对话练习

理解情绪的重要性

每天进行以下练习：

（1）寻找日常生活中感受到的情绪表述，随时写在左栏（为情绪命名）。

（2）将情绪表达改变为右栏（理解情绪）的例文，朗读并承认自己的情绪。

为情绪命名	理解情绪
例：生气，舒适。	例：我现在感到生气。 我现在感觉舒适。

※　每天对照表格进行理解情绪的练习。

核心欲求与价值

对话与行动的决定性因素

如果我们认识到生活中的重要价值和每个瞬间的欲求，就可以在对话中预防并和平解决很多矛盾，因为每个人的人生中都存在重要价值和欲求，这一点是彼此相关的。

建立调整自我情绪的习惯

每个人都会有情绪，在特定情况下为了表达这种情绪，会习惯性地说出某些话，做出某些事。这并不是经过深思熟虑的判断，而是接近于一种习惯性的、无意识的行为。说得再深刻一点，这种表达情绪的习惯方式和策略，与我们的核心信念密切相关。我们像这样经过长期学习或社会化过程中习得的策略，有的对我们有所帮助，有的则毫无帮助。心理学家加尼弗斯蒂总结了人们调节情绪的九种方法。

1. 自责

如果出了什么事，双方感到情绪疲惫，我会无条件地认为都是自己的错。就算显然不是我的错，我也会这样做。虽然不知道这样做对不对，但是心里会舒服很多。

心里不舒服时，就算不是自己的责任，也会自责，并且想要清除自己的情绪。

2. 积极重评

不管遇到什么事情，我都会尽量考虑积极的一面。这并不是我天生的性格。如果产生消极思维，我会因害怕太受影响而更加努力。就算遇到不好的事情，我也会认为这件事的发生显然具有重要意义，或者会去寻找其中积极的部分。

从自身经历中寻找积极的方面或意义，并以此处理自己的情绪。

3. 责备他人

说实话，我在大多数情况下都会责备他人。如果承认自己的错误，就会觉得很不舒服。而且，我真的会不由自主地说出“你不听我的话，所以才会那样的”，或者“因为你那么做，才会出现这种结果”。这样说出来之后，我心里就畅快了许多。

认为发生在自己身上的事的所有原因都在他人，或者是对方的过错，以此调节自己的情绪。

4. 灾难化

如果出了什么事，我就会考虑最坏的结果。其实，在事情发生或者开始之前，我也总是往坏的方面想。我总是会考虑自己能否承受最坏的结果。人际关系也是如此，我会提前预测我和某个人之间的最坏结果。

想象痛苦、毁灭性的结果，提前预设最坏的结果，以此来调节自己的情绪。

5. 反刍

我会不断思考某件事，直到完全解决为止。过去的所有事情都是这样。为什么会这样，那个人是什么想法，我为什么会那样做……我总是会不断思考这些问题。身边的人都说我总是想些没用的，这种说法没错，但我却没有信心去改正。

反复思考与消极事件有关的情绪，或者制造消极思维与情绪。

6. 解决式思考

如果发生了什么事情，我一定会制定解决策略，从“应该做什么”开始考虑。如果任由自己毫无意义地变得感性，事情只会更加复杂。因此，我认为应该先解决问题。我从小就有很强的责任心，在工作中也得到了认可，不过婚姻生活似乎有所不同。

具体考虑事情如何调节、应该做什么。

7. 观点转换

我今年四十五岁，有孩子，但是想到没有房子，就会觉得特别辛苦。不过，这种情绪发生之后，并不会持续太久。因为没有房子，并不代表我是一个可怜人。我身体健康，也有薪水可拿，很多人连这些条件也不具备呢。

与其他事件做比较，模糊事情的严重性，从而转换观点。

8. 积极调焦

我在工作时非常辛苦，但是只要想到女朋友，内心就会变得平静，感到非常幸福。我在工作中感觉自已快要失败时，就会想起鼓励我的家人或者愉快的时光，以此缓解内心的不安。

不考虑实际的事情，而是通过愉快的思维调节情绪。

9. 接纳

> 我觉得人生不可预测，无法计划。因此，不管发生什么事情，我都可以接纳。不仅是好事，就算是坏事，我也觉得是一种经历。我渴望好事不断，不过不论发生什么事情，我都会张开双臂迎接。

坦然接受任何经历与事件，不论是积极的还是消极的，都当作自身的经历。

如上所述，如果我们情绪崩溃或者情绪激动，就会为了生存而采用多种方法进行调节。那些方法就体现在彼此的对话之中。我们通常会采取已经习惯化的情绪调整方法，尤其是当感知到不满意的情绪信号时。

沟通式对话练习

（1）在九种情绪调节方法中，我感到不适时经常使用哪一种？写下并与身边的人聊一聊。

（2）哪种方法对我有帮助？写下并与身边的人聊一聊。

（3）哪种方法对我没有帮助？写下并与身边的人聊一聊。

健康调节情绪的方法，不是被情绪控制，而是重新理解刺激（刺激 - 观察），正确认识自己的情绪与思维。

承认情绪的责任在自身

现在想来非常丢脸，我曾经伤害过前女友。只要出现问题，我就会埋怨对方，还会大发脾气，说脏话，施加暴力行为。小时候，爸爸总是在伤害妈妈之后说"是因为你做错了事"。我也一样，和朋友吵架或者伤害到其他人之后，总是会说同样的话。这是一种下意识的习惯。

虽然我们意识不到，但情绪会立刻引发自动思维，按照九种方法（自责、积极重评、责备他人、灾难化、反刍、解决式思考、观点转换、积极调焦、接纳）行动，以六种模式（判断、指责、强迫、比较、理所当然、合理化）说话。

当事人没有静下来深呼吸，理解情绪，并找到情绪的原因所在，而是服从自动思维，冲动行事。如分享案例所述，有的方法当然也会有所帮助，但还是建议去寻找并认识情绪的根源。

情绪的基础是欲求，每个人都会有自己想要的状态。一个人得到满足和未得到满足时，会产生各种情绪。根据自己的欲求所表现出来的情绪多种多样，即我的情绪根基是欲求，我的情绪的责任在我的欲求上。因此，对方的情绪也源于对方的欲求，责任在对方。虽然可以照顾对方的情绪，但是我并不需要为对方的情绪负责。简言之，情绪来自各自的欲求。

例如，如果适当休息的欲求未能得到满足，有人会认为“为什么不让我休息”，并会产生愤怒的情绪；也有人会认为“我有什么资格休息呢”，然后变得抑郁；还有人会认为“人生总是这样疲惫”，于是陷入绝望与无力的情绪之中。每个人的情绪反应不同，情绪的原因却都是“休息”的欲求。因此，找出我们表现出各种情绪的基础欲求是什么，这一点非常重要。不要被随时变化的情绪控制、责备他人或者自责，而是正确认识自身需求、寻找满足的方法，才是有意义的。

思维－情绪－欲求表

（通过情绪和欲求理解自动思维发言）

	自动思维	区别于思维的情绪	情绪根源：核心欲求
1	被抛弃	害怕　悲伤　孤单	归属感　照顾
2	被伤害	恐惧　无助　悲伤	照顾　身体 / 情绪的安稳与安全
3	不被认可	郁闷　委屈　无力	理解　同盟　归属感　贡献　公平
4	被攻击	恐惧　怯懦　暴怒	安全　保护
5	遭到背叛	愤怒　失望　无力	信赖　镇定　寂静　明确
6	被指责	恐惧　不安　畏缩	公正　接纳　理解
7	被孤立	不安　孤单　害怕	安全　尊重　归属感　接纳

续表

	自动思维	区别于思维的情绪	情绪根源：核心欲求
8	被束缚	压抑　生气	自律　自由　选择
9	被骗	失望　委屈　愤怒	正直　公正　信赖
10	被讨厌	孤单　悲伤　惆怅	爱　认可　友情　优待
11	被怀疑	绝望　委屈	真实　正直　信赖
12	被忽视	惆怅　愤怒　茫然	归属　同盟　共同体　参与
13	被侮辱	生气　丢脸　无力	尊重　照顾　存在感
14	被妨碍	生气　烦躁	尊重　照顾　理解　自律
15	受惊吓	不安　害怕　担心	安全　保护　自律　选择
16	被误解	不舒服　伤心　委屈	理解　明确性
17	被压制	无力　不知所措	公平　正义　自律　自由
18	被剥削	生气　疲倦　受挫	尊重　照顾　休息　爱护
19	被过度保护	厌倦　无力　烦躁	认可　公平　尊重　相互性
20	被冒犯	生气　烦躁	尊重　照顾
21	被控制	悲伤　压抑　无精打采	尊重　理解　安定
22	被拒绝	怯懦　惆怅	归属　亲密　认可
23	快要窒息	害怕　绝望	从容　自由　自律　镇定
24	认为理所当然	悲伤　惆怅　失望	感谢　认可　照顾
25	被胁迫	恐惧　害怕　怯懦	安全　自律　选择
26	被欺压	无力　受挫	自信　同盟　共同体　照顾　尊重
27	不被爱	悲伤　孤单　悲惨	爱　感谢　共情　同盟　共同体
28	得不到支持	无力　悲伤　孤单	支持　理解
29	被利用	不安　委屈　悲伤	自由　公平　照片　相互性
30	被侵害	恐惧　委屈　愤怒	个人保护　安全　信赖　从容　尊重
31	被无礼对待	委屈　生气　愤怒	尊重　正义　信赖　安全　公平

沟通式对话练习

这一次，我们一起来区分在某种情况下产生的自动思维、当时的情绪，以及情绪的根源，即核心诉求。

这项任务最好独立完成。逐一回想自己的经历，并对照思维－情绪－欲求表中的第1～31项。这项练习可以帮助我们认知“自动思维 → 情绪 → 核心欲求”。不是把所有这些因素胡乱地混杂在一起，而是分别认识自己的自动思维、情绪和核心欲求，进而理解自我。这是一项非常重要的练习，可以把视线从对方身上转向自身。

规则

对照前面的表格，一方说话时，另一方保持沉默，同时直视对方的眼睛。

（1）阅读“自动思维”的一列，逐一找出并写下自己使用较多的表述。

例：被抛弃的思维。

（2）从“区别于思维的情绪”的一列中，找出并写下自己的情绪表述。如果当中没有，则参照表单写下符合自身情况的表述。

例：孤单的情绪、不安的情绪。

（3）从“情绪根源：核心欲求”的一列中，找出并写下自己重视的欲求表述。

例：我重视照顾与关爱。

（4）与搭档互换角色，说明一下自己的“自动思维 - 情绪 - 欲求”。

例：我觉得自己从小就遭到了父母的抛弃，因为我的父母离婚了。不过，那只是一种思维。

我一个人的时候会感到孤单和不安。

因为我需要他人的照顾与关爱。

参照示例，简单写一写，然后彼此分享，就可以更加清晰地认识自己的内心。

彼此理解的密码——核心欲求

我觉得最困难的事情就是寻找核心欲求。刚开始，我告诉老师“我不想做爸爸”，老师说这不是我的核心欲求。我又表示“我不想伤害女朋友”，老师说这也不是核心欲求。我真的什么都不懂，只想放弃。

不过，在慢慢努力之后，我发现自己的欲求是“理解”与“和平”。我的欲求是希望被理解，但又会用暴力解决问题。想到自己没有被他人理解过，我流泪了。还有，我想和平地解决矛盾，而不是使用暴力。在得知自己的欲求之后，我真的很想学习那种可以被对方理解，同时又能和平解决问题的办法。

任何人都离不开欲求。在这些欲求当中，“此时－此地”，即现在所需要的欲求，就是核心欲求。人生在世，每个人都有自己的欲求。核心欲求是我们此刻的需要，所以是会发生改变的。

如果我们此刻的需要是欲求，更长期的人生决策的判断标准，就可以称为“价值”。我们在生活中有时需要一定的方法和智慧，在当下的重要欲求与整个人生决策的价值之间做出选择。

开创“现实疗法”的精神病学家威廉·格拉瑟曾经表示，人生来即有基本欲求，而行动是满足欲求的方式。因此，做出满足个人基本欲求的智慧选择，就是改变的最终目标。想要改变行为，就要探索欲求。对话包括语言与行动，所以对话训练对理解这种欲求至关重要。

一个人做出某种行为，是核心欲求的表现。我们所有的行为，即语言和行动，都只是为了满足核心欲求的外在表现罢了。一旦明确支配着自己的核心欲求，我们就会理解自我，理解他人。这会成为彼此理解的力量，也有助于发现彼此之间的紧密联系。对照下表，可以经常练习去寻找对方的欲求。

欲求表

（欲求＝情绪的原因 / 人生的动力）

生存欲求：身体，情绪，安全

空气，食物，水，住宅，休息，睡眠，身体接触，性，身体安全，情绪稳定，经济稳定，安稳，眷恋，自由活动，运动，健康，被照顾，被保护

力量欲求：成就，认可，自尊

平等，秩序，调和，自信，自我表达，自我信赖，被重视，能力，存在感，共情，公平，真诚，透明度，正直，真实，认可，一致，个性，熟练，专业，自我尊重，正义，价值

社会欲求：归属感，齐心协力，爱

亲密关系，同盟，沟通，连接，照顾，尊重，相互性，共情，理解，接纳，支持，合作，帮助，感谢，爱意，关注，友情，亲近，分享，怜悯，归属感，共同体，相互依存，安慰，安心，信赖，确信，可预测，连贯，参与，诚实，责任，和平，从容，美好，教导，成就，共享，变通，相互照顾，彼此保护

自由欲求：独立，自由，选择

生产，成长，创造，治愈，选择，认可，自由，有主见，自律，独立，个人时间

兴趣欲求：游戏，学习

趣味，游戏，自觉，挑战，觉悟，明确，学习，刺激，发现

人生意义的欲求：梦想，想象

意义，祝福，哀悼，爱，想象，梦想，希望，心灵感应，灵性，灵感，尊严，奉献

※ **参考内容：威廉·格拉瑟，“现实疗法的五种基本需求”**
马歇尔·卢森堡，“非暴力沟通需求表”

沟通式对话练习

本次练习的目的是倾听各自不同的需求与价值观，理解彼此，打开心扉，接受多样性。

规则

一方说话时，另一方保持沉默，同时直视对方的眼睛。

（1）对照欲求表（第 107 页），每个人按顺序写下自己最重要的三个价值观，并详细介绍为什么认为这些价值观在生活中很重要。

例：和平、奉献、成长 – 解释重视的理由

（2）选择近期的两个重要欲求，并向对方说明为什么最近需要这两点。

例：成长、经济稳定 – 解释最近需要这两点的原因

认为只有自己的方法正确，可能引发暴力

案例 A

很显然，我打女朋友时只知道那一种方法。您可能认为这是一种辩解，但这是实话。我从小就认为做错事得挨打，我们家的氛围就是这样的。我做错事就会被打，所以认为

这是理所当然的。不过，我现在才知道这种思维是错误的。这只是父亲自以为正确的方法罢了。我也一样，只要认为女朋友背叛了我，我就会感觉那是真的，所以认为是女朋友的错，她做错了就该挨打。我的这种思维逐渐加重，于是开始动手。如果她承认错误，我可能会原谅她。不过，她还犯了其他错误，所以我经常打她。如果一个人不能按照自己认为正确的方法做事，那和动物有什么区别呢？

案例 B

我对大儿子非常严格。二儿子很乖，像个宝宝，所以我只批评大儿子。我期待大儿子可以像个大人，该有很强的责任心，能够主动写作业，能处理好自己该做的事。如果他做不到，那就不可饶恕。有一天，老公笑我像个后妈，大儿子表示同意："我也觉得妈妈不像亲妈。"那天，我感到非常伤心。我的思维和方法错了吗？

心存欲求，是一个人活着的证据。如果明确认识到内心的诉求，我们就可以找到满足那个欲求的健康的方法。然而，如果每个人为了满足自我欲求，而坚持自己认为"正确"或者偏好的方式，就有可能引发暴力行为。此时，那个偏好的方式大多与自己的核心信念密切相关。因为人们之间的矛盾不是源于与欲求发生了冲突，而是源于满足欲求的手段（方式）。

我们偶尔无法以想要的方式满足核心欲求时，可以从执着于偏好手段的思考中脱离出来，或者集中于本质欲求，明确问题，就能发现合理解决问题的方式。

为了教导或者帮助某人，我们应该首先理解自我的核心欲求，诚实地理解自我。因为理解核心欲求，是真正促成自我与对方发生改变的影响力。而且，理解对方的同时，也是承认了对方在尽力满足自我欲求的事实。

精神病学者斯科特·派克表示，情绪健康的人可以明确认识到“是否满足自我欲求的责任在自身”，这是成熟的人与不成熟的人的区分标准。

我详细介绍一下案例 A 学员的变化与结果。他接受了对话训练，和我一起讨论了自己的核心信念，理解了其中非常歪曲的“惩罚与情绪剥夺”的两种核心信念。这位学员逐渐发现自己的核心信念所在，理解了核心信念在人际关系中何时爆发。虽然他已经进行了深刻反省，暴力行为却很难一次就得到改正，这是因为他从小使用暴力满足自身欲求，只通过自己的标准惩罚对方的这种行为非常有效，即使用暴力的结果令人满意。

这位学员经过长期的心理咨询之后，认识到不能因为自己过去是父母暴力的受害者，就可以理所当然地成为暴力加害者。不能因为自己受到了虐待，就认为自己现在虐待他人是合理的。这位学员重新学习了不能如愿时的各种“合理解决方法”。在餐馆遇到不亲切的服务员、被朋友拒绝、母亲生病……每一种情况发生时，他都做了以下练习：

1. 深呼吸；

2. 寻找自身的欲求；

3. 使用合理的方法。

经过一番艰辛的努力，他终于认识到自己的问题的根源，大哭了一场。他坦言自己很想成为更好的人，虽然这种变化非常艰难。最终，他深刻反省，分别向遭受过自己暴力的弟弟、前女友真诚地道了歉。

其实，我们会认为向对方表达自己的欲求，会令对方感到有负担和不适，所以渴望对方能主动理解并满足我们的愿望。然而，如果在成长过程中没有接受过健康地探索对方欲求的专业训练，自然无法经历这种表达欲求的人际关系。而且，我们会逐渐对自身欲求感到迟钝，很难明确认识到真正的自我欲求，反而在生活中更加执着于行为与方法。无法认识自身欲求，执着于自认为正确的方法，必然会引发暴力言行。

沟通式对话练习

精神病学者斯科特·派克表示，情绪健康的人可以明确认识到“是否满足自我欲求的责任在自身”，这是成熟的人与不成熟的人的区分标准。

规则

一方说话时，另一方保持沉默，同时直视对方的眼睛。

（1）在童年成长的家庭或者环境中，你的欲求得到了多大程度的接纳呢？写下并与搭档分享。

（2）我们是否认识到满足自己的情绪与欲求的责任在自身呢？写下自己的经历，并与搭档分享。

请求与强迫

平和态度与暴力态度的区别

你不说，我怎么知道

> 我尽量不向别人提要求，因为彼此都会感到不适。我在宗教团体做社会福利工作。这项工作需要强大的精神能量，所以会非常介意同事之间是否彼此添麻烦。如此一来，一个小请求似乎也会给对方造成麻烦，所以凡事尽量自己去努力解决。有时感觉自己像个傻瓜，却又不想自我挑战。因为挑战某件事时，如果自己无法处理，干脆不要开始比较好。我知道需要对他人提出请求，却很难开口，这一点真是让人搞不懂。

一段关系中的强迫会在彼此心中留下压制与反抗。而且，我们都不希望在他人的强迫之下行动。请求，是通过合理的手段达成愿望的努力过程。

我们在日常生活中，需要请求他人的原因如下：

1. 我们是人，任何时候都有可能变得脆弱，需要他人的支持。

2. 我们的能力有限，永远需要他人的帮助。

3. 请求他人的帮助时，对方会感觉到自己是“有价值的存在”。

4. 彼此请求时，成长、信赖、亲密感、兴趣等欲求也能够得到满足。

对自己诚实、拥有健康自我的人，会认为请求他人的帮助，是与对方亲近的机会。不过，我们明知道需要某人的帮忙与协助，却依然会犹豫是否提出来。我们经常不向对方提出具体的请求，希望对方可以主动做到。如果对方偶尔没有做到，我们就会责备对方，甚至断绝关系。

我们不愿提出请求，大多是因为心理与社会性的代价。

提出请求的人的立场

· 被拒绝时，会承受心理痛苦。

· 感到抱歉时，会有心理压力。

· 看起来无能，或者伤自尊等。

被请求的人的立场

· 必须中断自己的事情。

· 接受请求的过程十分麻烦，感到不便。
· 偶尔不被理解，会生气。
· 心情会因为请求的人的态度而受到影响。

这些代价有时是可预测的，所以向某人提出请求时需要勇气接受预想的结果。但是，我们应该相信，鼓起勇气有时会令关系加深，出现意想不到的满意结果。

如果我们记得自己不计得失、帮助他人的心意和行为，以及幸福开心的自己，就应该相信对方也是如此。因此，我们为了和他人建立相互关系，应该学习健康的请求方式，以及向他人提出健康的请求。

请求与强迫的区别：情愿，勉强

妻子总是不理会我的请求。因此，我也不知道从什么时候开始变得不爱说话，到了不得不说的时候，就会不知不觉地直接进行防御式的对话。有一天，我想拜托妻子一件事，开口却说了一句："我已经说了很多遍了……"其实，这不是一种请求，而是强迫。妻子回答说："这是你第一次说。"仔细想来，我才发现自己这段时间只是在心里思考这件事，所以确实是第一次说出口。我在心里想了很多遍，误以为已经对妻子说过了，最后又埋怨妻子不理会我。我终于明白，我的对话就是这么愚蠢。妻子离开之后，我回想着自己至今为止的对话，经常感到后悔。最后悔的是，没有对妻子表达我的心意，没有提出请求，而是一直独自忍受。我这种忍受的结果就是，说出口的话全部都是强迫与指责。

通过这个案例，可能会有读者觉得“这简直是在说我”。我们不是生活在无人岛，我们在生活中难免需要请求他人，有时也会接受他人的请求。但是，很多人很难处理这种请求。

请求不恰当时，处理问题的主要方式如下：

1. 独自吭哧吭哧地努力。
2. 放弃或者寻找借口拖延时间。
3. 内心不安，感到忧郁和孤单。
4. 强迫对方，推卸责任。
5. 内心埋怨对方。

此时的核心信念与自动思维是什么呢?

“没有人可以理解我的痛苦。这是一个自私的世界，人情都很淡薄。”

“说了也没用，所以我才没说啊。”

“如果我不这么做，那个人根本不会有任何行动。”

在需要一起解决问题的矛盾情况下，请求会变得更加复杂。如果无法提出恰当的请求，我们就只能依靠自身的“力量”，或者屈服于对方的“力量”。强迫的主要原因是相信自身有力量，以及“我是对的”。

例如，父母与子女出现矛盾时，经常是不会向子女“表达”自己的要求，而是利用自身的力量，强迫子女服从自己。在夫妻关系中，如果无法以自身欲求为基础，向对方提出必要的“请求”，一方就会不断地向另一方屈服或者强迫。

强迫不仅是强迫者的欲求表达，而且是绝对不允许对方拒绝的强烈意志。反之，请求体现了请求者的欲求，同时以开放的心态接受对方的拒绝。

拒绝请求者相信自己会受到对方的指责或惩罚，或者请求者在对方不接受自己的请求时进行攻击或指责，便是强迫。很多情况下，我们认为是向对方求助的请求，实际上却是强迫。语气温和，并不一定是请求。大声命令，也并非全部是强迫。因为那种力量不仅体现在外在表露，有时还会有所隐藏。

不过，两者有一个很明显的区别。对方拒绝时，哪怕羞辱对方，令对方感到恐惧或心存愧疚，也要如愿，这种强烈的暴力能量就是强迫和请求的核心区别。

	欲求认知	接受拒绝
请求	○	○
强迫	×	×

请求与强迫的变因：我们的关系

心理学家泰弗尔通过以下表格，解释了我们在什么情况下需要合作的“我方内群”与竞争的“敌方外群”。分享提问并把握自己的性格之后，我们一起来认识一下其中的含义。

泰弗尔矩阵

我	7	8	9	10	11	12	13	14	15	16	17
你	1	3	5	7	9	11	13	15	17	19	21
	①	②	③	④	⑤	⑥	⑦	⑧	⑨	⑩	⑪

练习

通过我们的选择判断人际关系，重新思考请求与强迫。

情景：你目前正在负责一个非常重要的项目，与搭档一起执行的结果非常好，并且得到了项目结果的肯定性补偿（如奖金、聚餐等），可以与搭档一起分享（不是按比例，而是绝对量）。只有你一个人具有分享数量的权限，可以进行自由选择。例如，你想拿 11 个，给搭档 9 个，则选择⑤号。

1）如果搭档是所爱之人，你会选择哪一组呢？

2）如果搭档是你讨厌的人呢？

3）如果搭档是你现在需要的人呢？

4）与身边的人分享自己选择的号码，并详细说明一下如此选择的原因。

在表格下端的号码中，

从⑧到⑪号，逐渐接近“我方”；从⑥到①号，逐渐接近“敌方”。

我们一般会通过三种价值判断做出选择。

• 请看⑦号，双方的所得是13：13对等。

我们做出了重视公平与公正的价值判断，会倾向于选择⑦号。如果双方具有利害关系，多数人会选择⑦号。

• 越接近⑪号，我们的选择标准就会变得越不同。

给予对方的比自己的更多。由此得知，我们重视彼此之间的共同体的意识、信赖与爱等胜过公平公正的价值观。在想到家人、父母、子女的情况下，会比较倾向于这个选择。

• 最后是①号，我拿7个，对方拿1个。

其实，如果只看自己的所得，最大值是17个，最小值是7个。选择我的最小值，即选择①号，这种情况的最重要标准是，对方获得的数量最少。这显示了比较与竞争的价值倾向。也就是说，此时心里的想法可能是“我不希望你有所得”，或者“我要比你拿得多得多”。

这是一种最愚蠢的选择，但是很多人选择了这个号码。他们想到了谁，然后做出了这个选择呢？那就是自己讨厌的人。

不过，即使选择了⑦号，理由也未必是公平。可能是因为不希望成为敌人，或者是“大人有大量”，所以做了心理建设后选择了⑦号。甚至，还有人为了公平而选择了⑦之前的号码。

三种价值判断只是普遍标准，我们却可以根据个人关系与选择，理解多种主观判断。号码很重要，不过选择某个号码的动机与意图更加重要，因为可以由此看出彼此的关系。

沟通式对话练习

规则

对照前页的表格，进行以下练习。

一方说话时，另一方保持沉默，同时直视对方的眼睛。

（1）如果讨厌的人比你权力更大（如上司、父母），向那个人提出请求时，你会以请求的语气，还是强迫的语气呢？

（2）如果讨厌的人比你权力更大，你可以很容易地拒绝对方的要求吗？如果很难拒绝，你会产生什么思维呢？

（3）如果你无法拒绝，只能接受对方的要求，心情是如何的？

（4）反之，如果对方是你感激的人，你会以何种心情对待他的请求呢？

自我认知过程

内心的沉默对话

首先进行内心对话

我从来没有大声叫过妈妈。父母在我很小的时候就已经离婚了，我已经不记得妈妈的长相了。虽然从来没叫过一声“妈妈”，但是感到辛苦时，只要在心里叫一声“妈妈”，我就会感到安慰。

虽然已经这把年纪了，但“妈妈”这个称呼，还是会给我很大的力量。我很想念妈妈，这对任何人都没法说出口，每次想到流泪的时候，也只能默默忍受。或许是出于这个原因，我几乎不怎么流泪，但听到儿子第一次称呼妻子为“妈妈”的那一天，我突然泪流满面，一个人跑到洗手间大哭起来。我也很慌张，觉得很难解释这一切。总之，我那天哭得很厉害。虽然很傻，但是自从父母离婚开始，直到今天我也无法释怀。回想起来，我说过很多谎，尤其是假装一切都好……我总是会习惯性地保持微笑，说出一些口是心非的话。

这位学员倾诉了自己在离婚家庭中成长的童年的痛苦，也唤醒了有过离婚经历的父母的痛苦。四十岁出头的男性，因为想念妈妈，在洗手间大哭。这段倾诉十分令人心痛，不难由此想象到他过去几十年的生活。他从洗手间出来，未能向妻子和家人坦白自己为什么哭。根据他的经历，我们可以发现坦诚对话对他来说多么艰难，而我们也可以借此思考一下自己的自我对话。

也就是说，我们是否容易假装没问题，行动是否过激，是否会谎称一切安好来让身边的人放心。伊丽莎白·库伯勒–罗斯建议学习与自己内心沉默接触的方法，认识到发生的所有事情都有各自的目的。罗斯指出，人们认为他在自己生命的末尾一定是个死亡专家，但这是错误的，他其实一生都在关注生命。

在思考死亡时，对话是最清晰的。诸位不妨偶尔停下脚步，在心里思考这个问题：“如果我今天死去，我会对深爱的子女说出这番话吗？”如果为了教给子女正确的事情，必须说出那番话，请思考一下“应该如何进行教育”。或许你可以对孩子说：“妈妈再教你一次。因为这个很重要，你要好好听着。可以告诉妈妈你听明白了没有吗？好，非常好。”不再不断责备孩子或者进行语言攻击，还要避免以下对话：“你怎么是这副样子？给我好好听着！我知道你又在当耳边风！”

想要擅长对话，一定要在每个时刻都记住生活是不可预测的，自己随时可能死亡，离开这片土地。

因此，第一，如海德格尔所说，“面向死亡而存在”，我们需要这种认知训练。

第二，我们需要在每个时刻都能稍作停顿，在内心练习对话。因为这会帮助我们选择自己的言行。

我们已经练习过如何正确面对对方，一起简单学习了如何如实观察、感受自己的内心情绪与情绪信号、发现这种情绪背后的隐藏欲求，以及表达这种欲求的正确方式——请求（请求的方法练习会在第四章具体讲述）。

现在，我们来总结一下之前学习的内容，并在心中练习一下所学的内容。在心里练习学过的内容，我们称之为“沉默对话”（自我意识过程）。

人与人的对话有时更像是一种噪声，充斥着不想说的话，因为不知道自己想要说什么，应该如何聆听对方，于是各说各话，不欢而散。但是，深呼吸、望向远方的视线、一滴眼泪，与和善的微笑，就是对话。我在学习和讲授对话的过程中，认识到所谓的最佳对话，大多源于一次深呼吸。

练习沉默对话的原因如下：

1. 内心的沉默比现实中表达出来的对话更加坦诚和安全。

2. 可以留出时间做准备，以便在刺激与反应的空间中进行明确的对话。

如果不能确保选择说什么以及如何聆听的心灵空间，我们的言行就会被习惯方式所控。我们脱离阻断式对话的有效方法，首先要在心里练习沉默对话。在需要与某人进行沟通或者被阻断的情况下，这种练习非常有用。

沉默对话的方法如下：

1.“我看到、听到的是什么？”－观察刺激

重新观察看到、听到了什么，目的是以客观的眼光观察自己的思维、对方与事物，实现不歪曲的表达。这种观察方式可以恢复冷静的内心状态，在之后的对话中减少失误。

2.“此刻我心里感受到了什么？”－情绪的信号

我们通常在理解并表达情绪之前，会先根据情绪来采取行动并做出回应。情绪像是表现我们内心状态的信号，如果可以理解这个信号，就会接纳并表达细微的情绪，得知对方与自己真正想要的是什么。

3.“对我来说，重要的是什么？”－核心欲求探索

如果可以发现情绪的原因，即核心欲求，我们就可以表达出来，而不是说出不想说的话。除此之外，我们还可以思考满足欲求的各种创意方法，进行有效沟通。

4.“我准备好说出自己的需要了吗？”－请求的表达

我们向对方提出请求之前，有必要先在心里确认自己的需求，以及想向对方要什么。请求需要克服负担与恐惧，是需要勇气的。此处所谓的“勇气”，是指虽然内心感到恐惧，但是认识到自己的人生价值与个人需要时仍能产生健康的力量，以及不强迫的意志。

内心对话顺利，则语言表达顺利

我们已经学习了平时所说的话与哪种思维有关、是否会通过语言与行动表现出来，并做了相关练习。

刻意注意言行的努力过程会很难，也可能因为目标茫然而让人难过。不过，这个过程中的成长与结果的快乐可以使我们的人生变得积极、充实。

沟通方式的理解

为了与对方进行思维、语言与行动的沟通，有必要正确理解内心对话的过程，以便改变各个阶段的认识。刚刚我们由内心的沉默对话，经过了自我认识的阶段，达到与他人也能良好沟通的过程如下。

1.“我做出这种判断时，原来是看到、听到了这个啊。”产生判断的习惯性思维时，进行有意识的观察练习。

2.“我做出了这种分析，原来现在我是这种情绪啊。”即便是观察，刚开始也会着急做出分析。此时，我们会理解这种分析与思维，并认识自己的情绪。

3.“我想要责备他人时，我看重的欲求是什么呢？”感觉到不适情绪时，尤其习惯于寻找不适情绪的原因在谁身上。这是不少人解决问题的习惯性方法。

4.“我现在想要责备对方，但是我真正想说的话、想做出的行动是什么呢？”如果我们相信产生不良情绪的原因在于对方，解决问题的习惯方式便是责怪对方，或者说出一些过分的话。

对照下图，有助于更好地理解这四个阶段。

自我意识过程的四个阶段

1	判断		观察
	对情况、对方的判断	→	“我看到、听到了什么”
2	解读		情绪
	对情况、对方的解读	→	“我心里的情绪是什么”
3	对方		欲求
	“因为谁”	→	“因为什么”“我看重什么”
4	强迫		请求
	“我正在责备或者强迫吗？”	→	“我想要表达自己的需求吗？”

沟通式对话练习

前面已经学过“理解：自我意识阶段”，接下来进行相关练习。

思维（额头）→ 观察（眼睛，耳朵）→ 情绪（胸部）→ 欲求（腹部）→ 请求（嘴部），按照以上顺序用手进行练习即可。

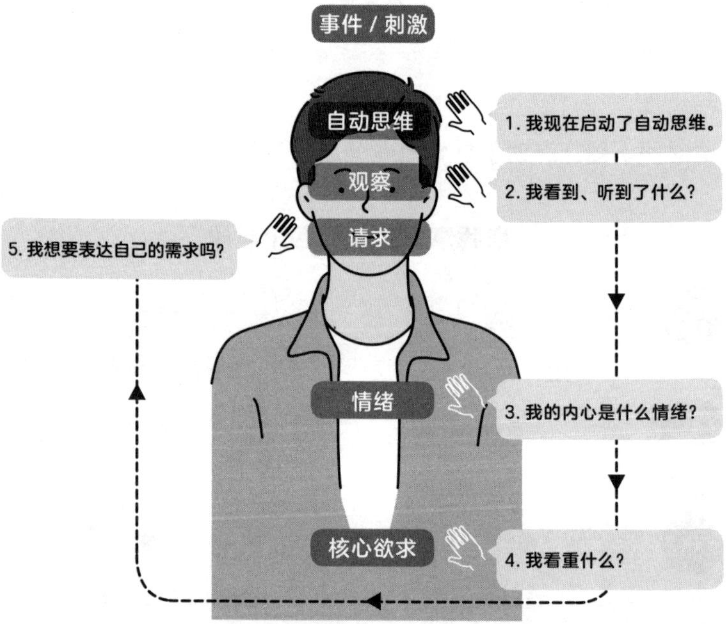

情绪的原因：欲求原因 VS 因为谁

沟通式对话练习

规则

与搭档互换角色，分组进行沉默对话练习。

（1）回想最近生活中的一件事。

（2）逃避、产生冲突或者什么话也说不出来的事件，以及与子女、配偶、朋友、父母、家人等一定想要沟通的人的相关的事件。

1）说一说自己当时想到的所有自动思维。

→ 手放在额头部位

2）尽量详细地写下当时看到、听到的事件。

→ 手放在眼睛和耳朵部位

3）回想一下我的情绪。

→ 手放在胸前

- 当时是什么心情？

- 现在是什么心情？

4）认知告知情绪信号的核心欲求。

→ 手放在腹部

- 我重视什么？

- 那对我有什么意义？

5）可以体现我的欲求、我迫切渴望的东西，即我想要什么？

→ 手放在嘴部

Chapter 3

回应对方的倾听练习

共情

对他人的讲述感同身受

专注倾听，不做解读

帮助对方了解自己的想法，

理解自己的情绪，发现自己的欲求。

这是对话中产生共情的倾听目标。

姐姐去世时，好友对我说："总比失去孩子和父母要好吧，过段时间就好了。"她简直太不近人情了，我都不想再理她了。大约十年前，我刚开始养猫时还没有孩子，她曾对我说："因为你没有孩子，所以才能养猫，真的挺爽的。"我真搞不懂自己为什么要一直和这个朋友见面。她的话对我造成了很大伤害，就算是一些小事，我也从没忘记过。

我本以为自己的共情能力比这位朋友好得多，结果在对话练习时才发现我也没有好到哪儿去。需要建议与需要沉默的时刻，对我来讲真的很难区分。老师告诉我们要安静地倾听，但为什么我心里却那么焦躁呢？我总觉得该说点什么，大脑中也不断浮现出想法，却只能安静地倾听对方说话，别提有多难了。我以前真的说了太多话，不确认对方是否想听，只是单方面判定自己的话很有必要。通过倾听练习，我发现了自己的不足，也许……那位朋友当时也认为应该对我说一些她觉得安慰的话吧。

倾听显然是理解一个人的最佳方法之一。一段幸福美好的关系之中，坦诚表达的人与用心倾听的人是并存的。用心倾听某人说话的瞬间，无形的友情与爱情就会生根发芽。保持好奇与共情，才会生出力量看到这些无形的东西。

我认为，从未被一个人完全接受，意味着对方从未用心听我们说话。接受咨询或者指导对话练习时，我有时也无法专注地听对方说话。神奇的是，对方也能感知到我的内心，于是会回避我的眼神，中断对话，还会问我是不是不舒服。反之，如果我认真倾听对方，努力理解对方的心思，就算问题未能得到解决，对方也会对我的用心表示感谢。

当然了，只是安静倾听，并不能解决所有的内心顾虑与现实问题。时间会解决日常生活中的很多事情，我们的心里却会留下不良情绪。想到这些就会明白，问题的解决与内心的平和，并非总是成正比。

倾听，或许是比解决问题本身更加重要而且深刻的事——在心里完全接受了对方的存在，哪怕时间十分短暂。因为，全神贯注地感受对方话语中隐藏的情绪与欲求，是一种有意识的努力。“倾听”显然与“同意”不同，是一种只积极接受，并理解对方的想法、情绪与需求的表现。沉浸在对方意识世界里的这种有意识的努力，便是倾听的态度与技术所在。

我经常在独处时祈祷。某一瞬间，我突然想到，我与我的信仰之间真的存在“倾听”吗？“我是否一直在自说自话、表达诉求呢？”闭上眼睛，双手合十，感觉自己似乎一定要说几句话。为他人祈祷时也是如此，只要停止讲话或者语塞，我就会感到慌张，似乎必须说点什么。面对这种“没有倾听的祈祷”，停止杂乱的陈述，闭上眼睛，保持沉默，就会转变为“倾听”的态度，而不再是“请成全我”的祈祷。悟懂了这句话，我才意识到自己之前的思绪是多么杂乱。

人际关系也是如此。不愿倾听对方，只想表达自己。社会各处的很多问题，显然都源于“不认真倾听”。社会犯罪、组织之间的矛盾、家庭痛苦等，也许都是源于轻视对方的发言、不用心倾听的态度。

我们有必要暂停能言善辩的招法，练习在沉默中理解，并正确解析对方的话语与意图。就算只是善于倾听，也会成为解决很多问题的基石。现在，我们来进行倾听练习。

共情式倾听 VS 习惯式倾听

你的朋友对你说了以下这番话，你听过之后是什么反应呢?

“那些人排斥我，利用我。”

我们经常采用的习惯式倾听方式可以分为以下八种。这些倾听方式其实并不是专注于对方心灵的“共情式倾听”。

1. 随声附和

“对，那些人真坏！他们以后肯定也会继续那样做！”

“也就是你才会忍受这种事。他们真的太坏了。如果是我，绝对不会放过他们。”

这种方法经常轻易地被误认为是共情式倾听。但是，随声附和式倾听，很容易导致当事人彼此怨恨，产生负面判断。“他们真坏”，当事人听到这句话就会认为“我的想法没错，他们果然是坏人”，非但不会与对方和解或者原谅对方，反而会更加怨恨对方，愤怒与痛苦却丝毫未减。随声附和可以暂时赋予当事人以支持的力量，却会导致当事人局限于自己的想法，造成更加糟糕的结果。因此，这种方式不属于共情式倾听。这不是共情，而是共同携手与对方为敌的表达。

2. 同情

“你应该很痛苦吧！真可怜，这该怎么办呢？”

“真让人无语，你好惨哦！”

这种方法与对方明确保持了距离，情绪化地转达了自己对对方的判断。这种反应不是努力理解对方的痛苦，而是从个人立场表达“认为对方很不幸”的想法，会令对方感觉自己被同情，认为自己丢脸、悲惨，陷入倾听者不愿理解自己的情绪与欲求，而是把自己看作一个不幸的人的错误认知。对他人的恻隐之心与同情心是一种美德，但不等同于推测并试图理解对方情绪与欲求的共情式倾听。

3. 情绪切断

“你怎么这么消极？别这样想。”

“你可不能这样想，没这个必要。”

这种方式与抑制情绪、理性判断的核心信念有关，忽略了我们可以自然而然地感受情绪的事实。如果一个人从小就得不到感情共鸣，抑制情绪表达，便会更加对这种反应习以为常。平静地接纳痛苦的当事人的情绪反应，是共情的必备要素。如果阻断了这一点，当事人就会无法接受自己，固守解决问题的刻板方式，或者习惯压抑、回避情绪的方式。

4. 转换思维

“你在说什么呢！我觉得是你误会了，别那样想。”

“你应该改变想法，他们是好人，不会利用你的。”

转换思维可以改变行为，是一种有效而高明的策略。不过这种方法，必须和认知并理解情绪与欲求的共情式倾听有所区分，因为理解思维与改变思维是两种完全不同的观点。他人总想改变我们的思维，我们反而会更加坚信并主张自己的想法与判断是正确的，即“支持选择偏误”（Choice-supportive bias）。最终，改变思维只是继续徘徊于思维的另一种方式。比如，我们对认为自己被排斥、被利用的朋友说“他们也是好人，不会利用你的”，朋友就会认为：“才不是呢！他们以前也给我穿小鞋，折磨我！”最终，朋友只是从一种思维转换到另一种思维，并未深刻认识到自己的情绪与欲求。

因此，虽然改变思维的过程有时会有用，但是以他人强迫的方式并不会正确改变思维，这种方法显然也不是共情式倾听。

5. 分析

“到底是从什么时候开始的？为什么呢？你要分析一下原因。”

“你是多血质，他们是胆汁质，所以会产生矛盾。”

分析与建议都十分有助于解决问题，同时，这两点也是区分共情式倾听的必备要素。如果以澄清原因与结果作为解决问题的目标，则分析过程并不难，经验丰富的人出手相助也更会有正面效果。但是，在人际关系方面止步于分析对方的言行，最终会局限于“行为的正确与错误、好人与坏人”的想法，陷入“二分法”看人的误区。

6. 建议

“性格不同，并不是一件坏事。只要彼此尊重、互相理解就行了。”

“你别误会他了，我来给你讲讲性格问题，你好好听着。”

如果我们明显比对方经验丰富，掌握了更好的办法，提建议是一种非常有用的沟通手段。但是，建议有效的前提是对方愿意倾听。比如，对方明确表示想听你的建议：“我真的不懂，但如果换作是你，会怎么做呢？”或者，你主动询问对方的意愿：“听完你的讲述，我想起了自己的经历，似乎是个好办法，你想听吗？”提建议会有效果，但是与共情式倾听有所分别。

7. 自说自话

“我有个同学更讨厌，每次见面我都痛苦极了。”

“这不算什么的，以后回想起来，甚至还会有助于成长呢。就拿我来说吧……”

这种方式对倾听最无效，因为对话的视角完全从对方转向了自己。想要做到共情式倾听，我们的意识必须配合对方的思维、情绪、欲求与对方的需要。自说自话，是不再倾听对方、开始陈述自我的信号。可以说，这是最以自我为中心的一种倾听方式。

8. 打断发言

“别说了！来，喝酒！”

“够了！别再说这些烦人的话题了。”

这种倾听方式为什么不是共情式倾听，应该没必要解释了。因为直接表达出了“我不想再听你讲话”的想法。不少人会这样做，同时误以为已经充分倾听了对方的讲述。我们有必要明白这一点，并且回想一下自己是否曾经这样做过。采取这样的做法，对方可能完全不认为自己被理解，并会怨恨起倾听者来。如果家人或者亲近的人之间不断重复这种模式，对彼此的不满日积月累，对话便会越来越少。

如上所述，我们认为已经与对方共情的这些要素并不是共情式倾听方法。不过，这并不意味着我们的习惯式反应很糟糕。比如建议与分析有时是解决问题的重要因素，必须优先于共情式倾听。我们应当明白的是，共情式倾听需要练习，懂得识别习惯性反应，以及了解这种习惯式倾听会造成什么后果。

习惯式倾听方式的后果

1. 随声附和	加深矛盾，形成“小团体”
2. 同情	陷入情绪与思维误区
3. 情绪切断	抑制情绪，陷入思维误区
4. 转换思维	强迫对方时，可能引发反抗情绪
5. 分析	共情之后，有助于解决问题
6. 建议	对方想听时有所帮助
7. 自说自话	视角由对方转向自己
8. 打断发言	对方丧失表达机会

沟通式对话练习

规则

轮流分享自己的意见与经验。

练习 1

（1）大家使用这八种习惯式倾听的方式的频率是怎样的？想起了谁？

（2）作为倾听者，大家都会采取什么样的倾听方式呢？一起分享自己的经验。

练习 2

阅读例文，按照自己的习惯写下对以下情境的反应。然后，分享一下这种反应是共情式反应，还是有别于共情的方式。

（1）“妈妈，我的学校生活真的很辛苦。学习也没意思，有时候都不想活了。”（假设你是倾听初三女儿内心告白的妈妈）

（2）“我为了进入大企业，牺牲了全部的大学生活。结果，这一切并不是我想要的。我入职公司可不是为了这些。”（参加工作一年的朋友向你如此倾诉）

（3）“在出差的火车上，我突然感到窒息。我的工作就是不断出差，真不知道以后该怎么做，又不能说不去。”（假设你是倾听四十多岁的丈夫抱怨的妻子）

（4）“如果我的孩子没有礼貌，别人就会指着孩子骂他‘没爸爸’。所以我觉得就算严厉一点，也应该好好教育孩子。”（假设你是职场前辈，独自抚养六岁儿子的单亲妈妈对你如此倾诉）

摆脱自我思维，把对方装进心里

> “你有过和某人长时间对话后感觉‘被治愈’的经历吗？和某人建立了特别的关系，同时找回对自己的好感的经历呢？如果答案是肯定的，则两个人在开放、可信任的情况下产生了相互作用。这是因为对方不做任何判断，只对你保持全身心的关注，同时倾听了你的想法。”
>
> ——卡尔·罗杰斯

首先，两人一组进行简短练习。

如果是独自练习，选择倾听某个人的讲述时，在心里告诉自己“按步骤练习”，并按照以下步骤进行即可。

“倾听练习：保持好奇心，沉默倾听”一对一练习

“请讲一下小时候印象最深的经历。”

1）讲述者用五分钟的时间谈一谈自己随机想起的事件与记忆。

2）倾听者保持沉默，努力记住对方的话。

3）讲述者讲完之后，请表示“我全部说完了”。

4）倾听者按照自己所听到的内容，尽量复述，然后进行确认：“我听得对吗？”

5）讲述者确认倾听者复述得是否准确。如果复述准确，请告诉对方“感谢你的认真倾听”。

做完了吗？据说进行这项练习时，“身为倾听者，没有时间想其他的”，因为只会努力记住对方此刻叙述的内容与使用的词语。

我们所有人都具备与对方共情的能力。共情是存在于“此刻此地”，将所有意识集中于对方。共情是以陌生的眼神看待熟悉的东西，保持好奇，倾听对方的讲述，与对方正在讲述的情境共存。通过练习，我们亲身体会了这个抽象的疑难句。只要有意识地为之努力，就可以与对方共存。

共情还包括如实看和听的观察过程。听着对方的话，脑海中就会慢慢聚集起自己的“判断与思维”。这时，意识到“我听着对方的讲述，陷入了自己的思维”，反复练习注意倾听对方的讲述即可。

保持好奇心，沉默倾听对方的讲述，有时并不容易。迄今为止，我们在正确倾听之前，已经自认为十分了解对方，着力于判断并解决问题，所接受的教育也让我们在各种社会环境中丧失了共情的能力。还有，如果讲述者的陈述变长，或者已经听过很多遍，倾听者就会分散注意力。潜心研究共情的英国哲学家罗曼·柯兹纳里奇在著作《同理心》（*Empathy: A Handbook for Revolution*）中明确表示，我们对个人的偏见或者权威的无条件服从、身体和心理的距离、回避与拒绝，让我们距离共情越来越远。

共情式倾听的正向功能：通过对方理解自己的内心

共情式倾听的最有益功能，是在我们的“关系存折”中不断累积“好感与感激”资源。大家都喜欢听自己说话的人。就算不同意对方的观点，也不做判断，只是安静地倾听，没有人会讨厌这样的人（或许很多人反而想不起这样的经历）。我们为什么喜欢听自己说话的人呢？

1. 通过共情，可以意识到存在差异并非坏事，还能促进不同需要与价值观的人彼此交流。

2. 共情的经历可以构建舒适安定的情绪，恢复潜心做事的能力。

3. 得到共情，可以更好地审视自己的内心。

4. 得到共情，可以提高对他人的共情能力。

5. 彼此共情，消除恐惧，产生对生活的兴趣与活力。

当然了，在集体生活中，如果自己的话语权相对较弱，很难用语言表达共情，那么这时以沉默表示与对方的共情则非常奏效。沉默的共情之后，我们的态度发生改变，会使对方产生温暖的感觉。

练习

（1）曾经有人全身心倾听过你的讲述吗？分享当时的经历。

（2）对于倾听你讲述的那个人，你感受如何？

（倾听者保持沉默）

共情式倾听的步骤：言语→情绪→欲求→计划

为了实现共情式倾听，首先要保持以下意向：

“我将保持沉默，心存好奇，不做任何判断，如实观察并倾听对方的陈述。”

保持这种意向，倾听对方说话时，可以按照以下四个步骤进行。

共情式倾听

> 倾听讲述者的陈述：复述、概括、确认→倾听讲述者的情绪→倾听讲述者的核心欲求→询问计划

1. 倾听讲述者的陈述：复述、概括、确认

倾听表现了我们认真听讲述者说话的态度。讲述者再次听到如实复述（或者概括）自己所说的话时，也可以进行自我整理。“原来我是这样说的。”讲述者能了解这一点，就能重新整理相关事件与陈述。通过这个过程，还可以区别自己的思维与观察。

对方对我置之不理。- **思维**

→ 我听你提到了“置之不理”，具体是什么呢？- **复述并确认**

→ 对方完全不看我，但我明明和他打了招呼。- **通过观察进行表达**

→ 你打招呼了，那个人没有看你，对吧？

2. 倾听讲述者的情绪

“倾听情绪”这句话奇怪吗？倾听讲述者的情绪，是指推测对方此刻的情绪怎么样。在这个过程中，我们推测的情绪有时对有时错，但这不是正确猜测对方情绪的游戏，而是去想象对方情绪所做的努力。就算我们猜错了，讲述者也可以认识到自己的情绪。如果有助于讲述者摆脱自我思维，感受到情绪，这种努力就足够了。

想到那个人，我就心情不好。

→ 你有点难过和担心吗？- **倾听情绪**

→ 是的，很难过。不过，不担心。

→ 原来你对此感到难过。

3. 倾听讲述者的核心欲求

倾听讲述者的核心欲求，是去理解讲述者想起对方时所产生的欲求。讲述者的情绪其实与自身欲求有关，而非陈述对象。发现自身欲求之前，讲述者极有可能陷入对对方的判断或者偏见中。

那个人是利己主义者。- **思维**

→ 你想让对方也照顾你的立场吗？- **倾听核心欲求**

→ **是的，正是那样。**

这个过程非常重要，因为这样一来，讲述者才会摆脱对对方的责备或者思维，发现真正想表达的意图。讲述者想得到照顾，却未能如愿，所以认为对方自私——就算只明白这一点，也会更清楚地了解自己。

4. 询问计划

发现了自身欲求，就可以分享渴求的具体行为、言语或者情境。这意味着共同探索。本部分内容将在第四章的“请求”章节进行讲解。

沟通式对话练习

共情式倾听：练习倾听情绪与欲求

刚才倾听对方的讲述时，你有过哪些习惯性反应呢？逐一写下来，并区分是否是共情式倾听。现在，练习共情式倾听。

规则

思维 - 情绪 - 欲求表（参考第 102～103 页）

1. 写下搭档想到并说出的所有情绪与欲求。

2. 假如是你，会有怎样的情绪与欲求？分别写下这些情绪与欲求。

3. 比较双方对每个选项的情绪与欲求，看看哪里一致，哪里不同。

例："朴代理真的很不配合团队合作，只想着自己。他本来就是这样吗？"（组长 → 朴代理）

1）情绪：生气，不高兴，焦急，遗憾，头昏脑涨，不服气，无力

2）核心欲求：合作，团队，分享，理解，传授，信赖，责任，照顾

3）如果是我呢？情绪：如果我是组长，我会生气。

4）我的核心欲求：因为彼此之间的照顾非常重要。

（1）"你为什么只想着自己那边的家人？"（妻子 → 丈夫）

1）情绪：

2）核心欲求：

3）如果是我呢？情绪：

4）我的核心欲求：

（2）“你又不是老师，为什么每天都想教育我？”（男朋友 → 女朋友）

1）情绪：

2）核心欲求：

3）如果是我呢？情绪：

4）我的核心欲求：

（3）“爸爸妈妈关心我吗？他们明明总是只照顾姐姐。”（子女 → 父母）

1）情绪：

2）核心欲求：

3）如果是我呢？情绪：

4）我的核心欲求：

（4）“课长，为什么总是给我吩咐这种工作？”（职员 → 课长）

1）情绪：

2）核心欲求：

3）如果是我呢？情绪：

4）我的核心欲求：

（5）“你知道我在公司多么努力地工作吗？”（丈夫 → 妻子）

1）情绪：

2）核心欲求：

3）如果是我呢？情绪：

4）我的核心欲求：

沟通式对话练习

共情式倾听的分阶段练习

倾听对方的讲述，练习整理、概括、复述，并推测对方的情绪与核心欲求。

规则

各自写完之后，进行一对一交换角色讲述。

目标

帮助对方区分并理解自己的思维、情绪与核心欲求。

例："妈妈，我在学校很辛苦，不想学习，也讨厌和同学交往。"（假如你是倾听初三女儿诉苦的妈妈）

1）如实复述听到的内容并进行概括："女儿，你上学很辛苦吗？学习和与同学交往都很辛苦吗？"

"嗯，和同学交往非常辛苦。我总是感觉自己孤单一人……"

2）倾听情绪："这种想法产生的时候很难过，也很伤心，是吗？"

"是的，真的很难受……"

3）倾听核心欲求："产生这种想法的时候，需要有人在身边陪伴，是不是？"

（1）“我为了进入大企业，牺牲了全部的大学生活。结果，这一切并不是我想要的。我入职公司可不是为了这些。”（参加工作一年的朋友向你如此倾诉）

1）如实复述与概括所听到的内容：

2）倾听情绪：

3）倾听核心欲求：

（2）“在出差的火车上，我突然感到窒息。我的工作就是不断出差，真不知道以后该怎么做，又不能说不去。”（假设你是倾听四十多岁的丈夫抱怨的妻子）

1）如实复述与概括所听到的内容：

2）倾听情绪：

3）倾听核心欲求：

（3）“如果我的孩子没有礼貌，别人就会指着孩子骂他‘没爸爸’。所以我觉得就算严厉一点，也应该好好教育孩子。”（假设你是职场前辈，独自抚养六岁儿子的单亲妈妈对你如此倾诉）

1）如实复述与概括所听到的内容：

2）倾听情绪：

3）倾听核心欲求：

共情可以帮助构建值得信任的关系

回想一下过去的经历吧！每个人都经历过人际关系的痛苦，比如与职场上司不和，和恋人吵嘴，或者与家人产生矛盾等。此时，我们通常无法与当事人和解。于是，我们会选择向不是矛盾当事人的第三方讲述受伤的经历，并会得到对方的认真倾听。不与矛盾的对象沟通，只对与那件事无关的人倾诉，我们也会平复心情，得到理解，心存感激。这是为什么呢？如果这种效果绝对不会出现，这个世界的心理咨询过程就无法存在了。像这样，就算矛盾的当事人没有安抚我们的内心，通过与第三方的对话也可以做到。这就是共情。再进一步，我们就会明白，矛盾的当事人只是触发了我们情绪的刺激，并不是原因。

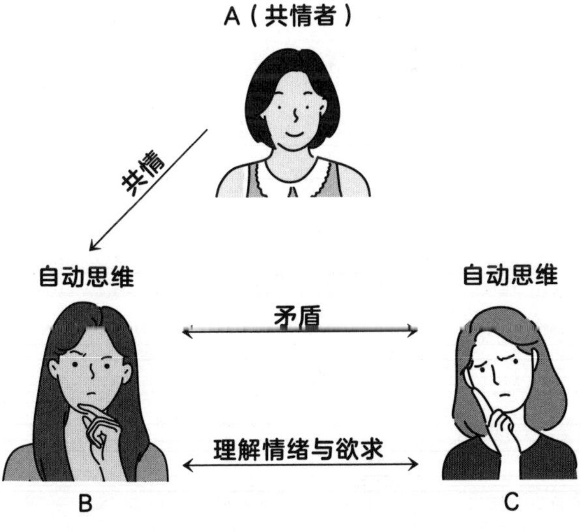

1. 理解情绪与欲求

“心里难过吗？你这是需要被照顾！”

2. B 责备 C

“怎么会有那么奇怪的女人？”

“我居然要和那种人一起工作！”

3. B 发现自身的情绪与欲求

“我没有得到足够的照顾，心里很难过。”

“我渴望被照顾吗？”

结合插图，看一下 A 产生共情的过程。

1）B 怨恨并埋怨 C；

2）A 对 B 产生共情，帮助 B 发现自身的情绪与欲求；

3）B 理解了自己的思维，发现了自己的情绪与欲求；

4）B 明确理解了自己；

5）就算 C 毫无改变，B 也可以平复心情；

6）B、C 和解与再次沟通的可能性变大；

7）B 感谢 A 并对其产生好感，两人的关系变好。

就算非矛盾对象的第三方对我们产生共情，我们也会感到安慰，得以平复内心。

理解

利用“翻译器”理解与倾听令人感到难受的表达

对方的表达令我们感到难受的原因

我们都想成为好人，虽然想认真听对方说话并亲切地予以回应，却经常因为外界条件而无法实现。处于难以实现的环境之中时，我们很容易打断对方的话，或者听得漫不经心，甚至拒绝对方这个人。

什么时候难以认真听对方讲话呢？

首先，体力较弱时，听对方讲话会感到不适。就算在听，也无法像之前练习的那样推测、复述并探索对方的情绪与欲求。还有，专注于其他事情时，我们也无法对对方的陈述产生共情。倾听是完全专注于对方的过程，我们的大脑无法同时处理多项任务。

还有，对方说的话“令我们感到难受”时。

· 感到生气的话

· 感觉抱歉的话

· 感到难过的话

· 感到悲伤的话

· 感到恐惧、胆怯的话

· 感觉对方“说得对”的话

· 特定对象说的“所有话”

· 特别讨厌的词汇、语气、行为

“对方为什么要说出那样的话呢？”阻止我们对此产生共情的所有表达，都会增加倾听的难度。我们处于家庭关系、集体内部、朋友关系之中，经常会听到一些令我们感到不适的表达。身为第三方时，我们对对方产生共情或许并非难事。但是，如果我们作为矛盾的当事人，“如实理解并倾听”对方的陈述就是一个很艰难的过程。因为，我们心里即刻浮现的思维和情绪会导致自己很难与对方共情。

对方那些令我感到难受的表达，原因并不一定在我

父母一辈子都在把我和弟弟做比较。他们认为谁更优秀，就更爱谁，这对我造成了极大的影响。

我不像弟弟那般和气，不会撒娇，学习也不如弟弟好。

弟弟比我小一岁，他上高三时我在复读，那真是我人生中最难熬的一年，因为每天都要被妈妈进行严格的比较。我学习成绩比弟弟落下一大截，饮食习惯与父母不同，不够开朗，沉默寡言。那一年，我痛苦无比，感觉自己已经苍老得像五十岁了。结婚后，妻子总是让我与父母和解，我也并非没有这种想法，而是无法理解父母，所以一直维持这种状态。

我也有两个孩子。成为父母之后，我反而更加难过。说实话，我真的感觉很多人没有资格做父母。我作为孩子时就没有得到关爱，所有待遇都是有条件的，这种回忆在我脑海里直到现在也挥之不去。我的父母到底为什么要拿孩子做比较，说些令人痛苦而残忍的话呢?

社会上，人们经常会因为对方的言行而受到伤害。由此引发的结果多种多样，比如争吵、萌生杀意，或者打算轻生、长期带着辞职信上班等。每天看到新闻中不断出现的各种暴力事件，很多人甚至没有恢复关系的机会，活得如同行尸走肉。对方为什么会让我们感到如此不适和痛苦呢?

原因是多方面的。

对话表现为语言与行动。如果一个孩子从小经常听到身边的父母或者老师等成年人的责备与攻击性的语言，长大之后也很有可能形成那种说话习惯。这就是第一个原因。这种人比起被怨恨，或许更应该先被同情。

第二，正因如此，很多人就算想要健康地表达内心，也不知道方法。他们真的不知道怎样说话才能不伤害对方。这种人或许不应该被责备，而是应该接受帮助。

第三，从小通过攻击与胁迫他人来得到想要东西的经历越多，这种习惯就越难改。面对这种人，我们应该鼓起勇气反抗，更加明确地表达自己的意见。

第四，内心越是脆弱，越是想要自我保护，或越想塑造并确认自己的存在感，就越容易引发过度夸张的语言与攻击行为。这种人生活在有条件的环境中，很少被接纳，他或许需要被爱。

这四种类型只适合对方吗？还是说有时也适合我们自身呢？其实，我们自己也可能属于这四种类型：

从小听惯了父母、老师等其他大人的刻薄表达，就算想换个方式说话，也不知道具体的方法，就算令对方感到不适也要得到想要的结果，以强势的语言塑造或者确认自己的存在感，人在这种情况下就会表现出攻击性，说出伤害对方的话。

表达不当的诉求：责备与评价

我和男朋友在咖啡厅里坐着。我正在整理手提包，男朋友不小心把我的笔记本电脑的鼠标碰到了桌子底下。我捡起来时，鼠标的电池盖已经掉了。我先捡起电池，然后开始找电池盖，但一直没找到。我还在认真找时，男朋友却漫不经心地看了几眼，不痛不痒地说："找不到了，走吧。"我有点不开心。因为这是我的东西，男朋友的反应却十分轻松，并没有诚意。

我忍无可忍，对他说："你怎么不道歉呢？明明这是你弄的。"但是，男朋友也很不高兴，拒绝道歉："这事有必要那么敏感吗？只是我的错吗？你每次都是这样，真的很烦。"我们各自回家了。我是打算以后和他结婚的，所以这件事让我非常担心。无条件忍耐并不是办法，但是我也不想吵架。

如果遇到令人不适的言行，我们就会承受心理痛苦。此时，忽略听到的话可能是一个不错的办法，"以子之矛攻子之盾"也是方法之一。"你知道那种话有多无礼吗？"用这种话开导对方也未尝不可。

不过，如果"有必要正确理解对方说的话"，则必须采取不同的倾听方法。大家应该已经非常了解，如果说出那种伤人的话的人是我们珍惜的家人、爱人，或者组织中不可或缺的人物，无视或者攻击的方法或许就毫无作用。此时，练习正确地理解并倾听对方的态度、技术，将此转变为彼此沟通的机会，就显得至关重要。

听到令人不适的言辞时，务必要记得这一点："对方对我说的那些令人不适的话，是诉求的另一种表达。"对此，马歇尔·卢森堡博士曾表示："我们的每一句话都是诉求或者感谢的表达。"

如果这句话难以理解，不妨先问自己几个问题：

1. 大家回想一下曾经对珍视的人说过的最后悔的一句话。

→“你给我滚出这个家，我不需要你这样的孩子。”－**后悔的话**

2. 当时为什么说出了这番话？或许是因为期待对方做什么事。

→“我希望孩子不要顶嘴，而是好好听我说话。”－**内心诉求**

3. 对方没有做到，所以希望对方理解自己的心思。

→“爸爸妈妈希望你幸福。”－**内心诉求**

4. 所以，想告诉对方自己十分痛苦。

→“你顶嘴我很难受，所以我也要折磨你。”－**冲动思维**

5. 却以痛苦的方式说话。

→“你给我滚出这个家，我不需要你这样的孩子。”－**评价，责备**

※ 下面的诉求是希望向对方提出并得到对方理解的事项。

→“所以，你可不可以不要打断爸爸妈妈说话，坚持听完？”－**诉求的表达**

我们感到痛苦时，会以同样的方式说出令对方感到痛苦的话，自己的内心却通常怀有殷切的诉求。明白了自己的内心状态，便会认知并理解对方也是同样的心态。我们都一样，在不能如愿的情况下，会情不自禁地说出令对方更加痛苦的话，同时，又极其希望对方可以理解自己。这样的话说得越多，彼此的关系就会越疏远。家人之间的痛苦与矛盾，可以说都是经历了这种过程后产生的。

我指导对话的同时，自己也曾因为这种痛苦无数次流泪。如此相爱、珍视的家人、朋友，却愚蠢地彼此伤害，变得越来越疏远。

如果你曾经被瞬间情绪与思维控制，搞砸了珍贵或者重要的关系，现在不妨开始练习，正确理解对方那些令人不适的表达，培养起健康对话的力量。

把令人难受的表达转变为想听的话

> “这事有必要那么敏感吗？只是我的错吗？你每次都是这样，真的很烦。”

不论对方说我什么，我都不会专注于那句话本身，而是其背后隐藏的个人意图，即欲求与情绪。因为倾听不是专注于自己的思维，而是对方的意图。

1 了解自动思维：攻击对方·责备自己

例：

攻击对方：“做错事就应该道歉。你脸皮真厚，竟然那么轻视一些小事，还丝毫没有歉意。”

责备自己：“我为什么总是这么固执和小气呢？买个新鼠标不就行了？没必要折磨对方。”

理解：“原来我对双方是这样的想法。”

2 回忆真相

“那个人的话原来是在表达诉求或者感谢之意。”

3 启动翻译器，改变难受的话

“这事有必要那么敏感吗？只是我的错吗？你每次都是这样，真的很烦。”

→ 如何把这句话变成对方想听的话呢？

“我也有做得好的地方，你要明白这一点。”

“你这样说让我很尴尬，可以好好说话吗？”

4 理解对方的隐藏意图：情绪与核心欲求

· 对方是什么心情？

例：原来男朋友感到难过和尴尬。

· 对方的意图源于何种欲求？

例：男朋友的意图中或许隐藏着被理解与认可的欲求。

（理解自己的失误，认可自己这段时间做得好的部分）

反弹：“你明明知道，为什么要这样？”

“你感到尴尬了吗？原来你希望我对你说话和气一点。”如果女朋友对男朋友这样说，男朋友会有什么反应呢？“嗯，你现在终于理解我的内心了，谢谢你。”男朋友大概不会这样，反而会说：“你明明知道，为什么每次都要这样呢？这已经不是一次两次了！”我们将这种现象解析为“反弹”。我们努力理解时，对方却不接受这种心意，出现了反弹。这种情况在现实中很常见。既然开始愤怒攻击，便不会因为对方产生了共情而立刻平复自己的心情。理解与倾听的过程，有时的确会十分辛苦。这种现象叫作“消退性爆发”。

消退性爆发，是指我们想要消除某种现象，却导致了反作用似的再次爆发。这种理论在改变行为的纠正疗法中有着重要意义。假设一个孩子曾经在大哭之后得到了某种东西，父母为了纠正这种行为，对孩子说：“现在哭喊不会得到任何东西了，你要学习其他方法才行。”孩子很可能不会立刻听话，因为之前通过哭喊已经如愿过了。此时，孩子会再次甚至更多次地采用习惯方式（哭喊），这就是消退性爆发。如果父母对此没有反应，只是安静地等待，孩子通过哭喊的强度就会逐渐消退，认识到需要学习表达诉求的新方法。

这种方法也完全适用于对话练习。对话大多是习惯使然。我们已经按照这个习惯生活了太久。因此，就算从现在开始不顺应习惯，认识所学内容并进行练习，对方也有可能再次更加强烈地爆发，用粗暴的方式表达自己的内心。如果我们以前反应激烈，对方可能会期待争吵；如果我们以前总是屈服，对方则可能会期待我们投降。因此，在挑战新变化时，就会面临这种考验。我们必须在这个挑战中坚定目标。现在既然已经选择再次沟通，我们就可以再练习一次。

回到刚才的案例，“原来你真的非常尴尬和难受，我明白了”。到了这种程度，男朋友一般就不会再发怒了。

在上述案例当中，我们学习了如何倾听与回复令人不适的表达。此时，我们可以做的就是“理解自动思维 → 回忆真实诉求或者感激的表达 → 启动翻译器，转变为想说的话 → 理解对方的隐藏意图（情绪、核心欲求）”。

例如，试想朋友（或同事）对我说了以下这番话。

令人不适的话：

“你就这点水平？”

1. 认识自动思维：习惯性的切断反应

面对对方的不适言辞，习惯式倾听反应表现为攻击对方或者责备自己。

1）攻击对方：听到对方的话时，习惯性地反驳、责怪对方。把自己的情绪原因转移到对方身上，责备、评价对方，很可能会生气或与对方争吵。

"你平时又有多优秀呢？"

"我比你更了解我自己。我才不像你那么自私。"

2）责备自己：听到对方的话时，习惯性地责备自己。认为对方的情绪全是自己的责任，责备、评价自己。自己的内心变得抑郁，对方也会感到自责而不是被理解。

"我错了。我确实应该做得更好。"

"我也没办法，我就是这么糟糕。"

3）了解：不回避、不反抗自己的想法，顺其自然，保持距离，并认识自己的想法。

"原来我现在是这种想法啊。"

2. 这种表达是诉求还是感谢？

判断对方那些令人感到不适的言辞是诉求还是感谢。

1）将对方的不适言辞解读为诉求的示例：

"你就这个水平？"→ **对方希望我做得更好。**

"你以后也生一个你这样的儿子试试。"→ **父亲希望我能理解他们。**

"意志这么薄弱，这点事就想不开吗？那你有胆吗？"→ **妈妈希望我打起精神，变得更强。**

2）将对方的话解读为感谢的示例：

"你为什么要请我吃饭啊？"→ **对方想表达对我的感谢。**

"你能赚多少啊，居然要给爸爸妈妈零花钱。"→ **父母收到了我给他们的零花钱，想对我表示感谢。**

"女儿化妆了，真稀奇。"→ **夸赞我变得好看了。**

3. 启动翻译器，把令人难受的言辞变成自己想听的话

朋友的意思是，"希望你换个方式""希望你听一下我的意见"。

4. 理解话里隐藏的核心欲求：理解对方

现在要练习倾听"话"里的隐藏含义。在感到不适的情况下，如果以难过的心情进行对话，任何人都有可能言不由衷。只要理解了这一点，我们就不会专注于对方那一刻说出口的话而受到伤害，而是专注于对方的意图，探索对方内心隐藏的核心欲求。但对于对方的情绪或者欲求，我们无须负责。对方的利害得失与其话里隐藏的意图，即对方的核心欲求，表现为沉默或者语言表达。

"朋友可能失望了，想'尝试'其他方法，或者希望自己的'经验'得到尊重。"→ **他的情绪不是因为我，我没有理由一定要为他的欲求负责。**

沟通式对话练习

理解令人感到难受的话

规则

参考前面的内容，写一写。

（1）写下最近听到的令你感到难受的话。

（2）写下自动思维中“攻击对方”的信息（以及与对方说话的语气）。

（3）写下自动思维中“责备自我”的信息（以及与自己对话的语气）。

（4）理解思维（写下“我现在想________啊”，并朗读一遍。）

（5）是诉求还是感谢？判断并写下来。

（6）启动翻译器，把让人难受的话转换成想听的话。

（7）启动翻译器，把对方的话转换成欲求（以及情绪）。

※ **情绪：那个人当时可能是________________这种心情。**

※ **核心欲求：________________这个欲求可能非常重要。**

※ **重新阅读第一步中写下的对方说过的令人难受的话。**

读一下第七步中找到的对方的欲求。

反复朗读第一步和第七步的内容。

如果内心产生了变化，和身边的人分享一下具体是什么变化。

解读

健康解读网络的文字信息与恶意评论

网络对话：信息减少，解读多样化

“所以呢？”—是想知道后续故事吗？还是让我别顶嘴呢？

“这份报告书是怎么回事？”—是想理解报告书，还是说我做得很糟糕呢？或者觉得它很好？

“我好像说过了啊。”—意思是说自己不记得了，还是不想说第二遍，让我看着办？

“我理解不了。”—我的意见错了吗？让我再解释一遍吗？让我重新做吗？

“我错了。”—是真心的吗？还是委婉地表示是我的错，不想继续交谈了？

在公司群里，我会因为上司的一句话而感到十分紧张。上司是什么语气，是否真的好奇，是否想确认，是否生气了，是反悔还是委婉攻击……我猜不透上司的心思，所以真的很难回复；比我年纪小的同事们看起来都十分直率，也大大咧咧的，不知道是我太畏首畏尾了，还是交流方式已经落伍了，总是反应非常敏感；发信息交流的好处，是可以留下记录，有利于以后查证彼此说过的话，但实际上看那些话也会经常感觉摸不着头脑；这么做都是为了提高工作效率，不过真的有效吗；就算事情已经结束，只要上司没有退群，就不能先走。这样的群可不止一两个，提到社交媒体就头疼……

我们进行交流时，可以通过以下信息理解彼此的意图：

1. 面部表情
2. 嗓音语调
3. 身体行动
4. 说话内容
5. 对背景情况的理解

然而，各种网络聊天工具、短信等对话方式，只是通过“说话内容”在进行交流，即在各种信息中，只能通过一种信息进行对话，这就是网络对话的特征。信息如此缩减，各自的解读方式就会增加。

以聊天软件为例，如果显示对方“已读”却没有回复，则可以进行多种解读：已读但忘了、忙碌而未能回复、正在苦恼如何回复、需要时间考虑如何表达、认为没有必要回复、同意我的意见等。

1. 视觉信息（肢体、表情、背景情况）
2. 听觉信息（嗓音高低、语调、速度）

以上两种信息消失不见，只提供“说话内容”这一种信息，各自的解读就会产生差异。最终，本来不算什么大事，自己却苦恼不已。只要有过这种经历，就会明白我们对文字对话的各种苦恼。

网络是跨越空间距离、联结彼此的实用工具，同时也是因为信息受限而无法确认彼此意图的阻断工具。所以，双方积累了或大或小的误会，又觉得不好意思打电话或者见面和解。担心自己判断异常，显得记仇，害怕这种外界评价，于是大家索性保持沉默。

我们有必要明确网络对话的这种局限性。一旦适应了这种对话方式，就会自然而然地减少打电话或者见面的机会。当然，表白或者表达谢意时，网络可以增加我们的勇气。对于平时不好意思说出口的内心告白，这种对话方式十分有用。我并不是说短信、聊天软件等对话方式不好或者危险，而是要在使用的同时，了解这种方式会对我们产生怎样的影响。近来，生活在同一个屋檐下的一家人，只隔着一扇门，却不愿面对面交谈，只通过网络沟通。暂且不论对错，但我们显然有必要审视一下这是不是我们真正想要的关系。

沟通式对话练习

（1）每个人分享一下自己经历过的短信、聊天软件等网络聊天的苦恼。

例：用聊天软件给公司的下属发了一条信息，大概详细地写了五行，过了几个小时之后，下属只简单回复了一个“收到”，实在不明白对方到底是什么意思。

（2）分享一下那件事的结果以及对人际关系的影响。

例：不喜欢、做那件事有难度、深思熟虑后的回答、不情愿但是会服从命令、性格原本如此……我产生了各种想法。说实话，之后就看那个人一直不顺眼。

文字沟通的负面效应：匿名性与攻击性

我喜欢的艺人因为恶意评论轻生了。看到网上那些评论，真的感到很可怕。那些人到底为什么要写出那种评论？

每次看到那些文字，就会觉得这个社会的人真残忍。他们是以什么心理写下了那样的话？我真的难以理解。

在一个没人看到的地方，我们是谁呢？在无人认识的那段时间里，我们是一个怎样的人呢？

我们偶尔会看到这样的新闻报道：父母因为网络暴力而失去了深爱的子女，整日怅然若失，失去了人生的意义。“我有资格笑吗？”看到因为这种想法而不再幸福的父母，令人惋惜。我想暂时脱离职业身份给他们一个拥抱，因为他们的人生无比痛苦。关于这种创伤性死亡经历，死亡学研究发现，“经历过创伤性死亡的家人，无法恢复到从前的生活状态”。

有一次，我偶然接触到了因孩子含冤自杀而上传“国民请愿”的父亲的案例。此后的很长一段时间里，我一直陪伴着这位家长。有一天，这位经历了委屈而令人惋惜的死亡事件的家长，给我转发了一条评论。那条“国民请愿”的同意栏里有网友按下了“同意”，并写了如下评论：这都是父母的错。这位家长看到这条留言该有多么痛苦，才会转发给我啊。不管评论者是什么意图，对一个子女因自杀来结束人生的家长来说，这一行字就是刺穿心脏的毒箭。

我们应该如何接受伤人心的建议与对方的指责呢？对此，“非暴力沟通”的创始人马歇尔·罗森伯格明确指出，对方的攻击行为并不是针对我们，而是以悲剧的方式表达自身的痛苦。

最重要的是，我们要自我保护，同时学习应对方法。千万不能自然而然地接受对方的指责思维。网络交流与亲自见面、确认意图的对话不同，会引发不同类型的暴力与痛苦。我们想知道对方的文字是什么意思，却又很难确认。见不了面，也无法听到对方亲自解释，除了在心里猜测，也没有什么特别的办法了。了解可控与不可控因素，是保护自身的开始。如果我们因为无法控制的评论而感到不快和委屈，于是攻击对方，这个过程会给彼此造成更加致命的伤害。现在拿起手机搜索新闻，或许就可以轻松找到一条恶意评论。

沟通式对话练习

（1）分享各自的恶意评论经历与自己的想法。

（2）如何对待才是明智的做法？一起分享意见。

恶意评论不是在针对我，而是在说攻击者自身

攻击性强的恶意评论通常具有明显特征。越是从小习惯了攻击性言行的人，使用攻击性表达就会越舒适。还有，年纪越小，越容易模仿父母或者身边的成年人的暴力来盲目行动。如果拥有这两个特征，暴力性就会在匿名时爆发。他们了解哪种表达最令人痛苦，也懂得如何攻击对方最脆弱的部分。

努力理解恶意评论，其实毫无意义。这是因为，理解一个长期习惯了暴力方式的人，并不是只理解表面的几行评论就能解决问题的，而是必须理解他的整个人生经历。所以，智慧地解读恶意评论的方法，不是接受，而是忽略那些评论。这是智慧地解读恶意评论的第一个方法。

责备、戏弄、名誉诋毁、咒骂等所有的表达，绝对不是在针对我们。那是对方在以歪曲、暴力、悲惨的思维，描述自己的人生经历中无法满足的欲求。因此，看到那种文字，请在心里大声呼喊：

“那是你的意见，不是在说我，而是在说你自己。”即“It’s about you”。

网友在匿名空间里敲击键盘的瞬间，意识不到自己的暴力性，下意识、习惯性地乱说一气，甚至连他们自己也很难解释为什么会那么做。建设性的批判，与单纯为了攻击的暴力评论，是完全不同的。建设性的批判中，包含着那个人的思维与明确意图，攻击性评论中则不存在这种意图。其中的唯一意图，便是被

自卑压制的自我，想要在匿名空间里扭曲地表现自我的“存在感”。通过这种暴力方式表现自我存在感的地方，便是可以隐藏真实身份，同时塑造另一个身份的网络世界。

练习 1

受害者为什么会因为恶意评论而感到痛苦呢？如果有过这种经历，请分享一下亲身经历。如果没有这种经历，请分享一下间接的经历。

例：如果有人不断地对自己进行负面评价，就会感到难受，甚至不想活了。

我们为什么无法轻松地忽略那些歪曲事实的评论呢？

人之所以会对他人的评价敏感，是因为我们通过对方的评价与认可，形成了自己的存在感。一个人出生之后，必须得到保护才能生存。在孩子的成长过程中，有一个非常重要的欲求，那就是接受与认可。除了无条件地接纳，有条件的认可也很重要。孩子出生之后，至少到三岁之前，父母必须无条件接受孩子的存在。就算孩子做错了什么，身体虚弱，父母也要充分接受他是一个美好的存在。如此一来，孩子就会接纳自己是这个世界上具有生存价值的对象。而且，这种接纳的施与者必须是父母，孩子成长过程中的不断进步必须得到认可。不是与其他人做比较的认可，而是认可孩子比过去的自己进一步成长的过程与结果。今天比昨天有进步，就是孩子需要得到认可的时刻。

然而，现实如何呢？现在的很多孩子在成长过程中没有得到这样的接受与认可，我们的父母或许也没有无条件地接纳我们。因为父母通常会把我们与兄弟姐妹做比较，与外界做比较，在“有条件”地爱我们。因此，我们长大之后也会渴望外界的认可。想要得到外界的认可，就有可能无法选择自己想要的生活，只是为了配合他人而放弃自己的欲求。说起来，这是否就是我们的常态呢？

因此，我们不要因为他人微不足道的评价而整天心烦意乱，变得软弱，或者认为自己很傻。我们要接受每个人都有想得到他人认可的脆弱性。因为恶意评论而心烦意乱，因为聊天软件中的恶毒文字而整天心里难受，正是因为这些内容触碰到了现代人脆弱的被认可的欲求。

那么，我们必须被动接受恶意评论或者指责，忍受这种赤裸裸的痛苦吗？不。我们拥有与生俱来的能力，即了解自己想要什么的力量。

智慧解读恶意评论的第二个方法，是阅读恶意评论，认识并发现我们的核心欲求。

那些欲求或许可以总结如下：

1. 自己的固有尊严
2. 对自我与家人的名誉与权利的保护
3. 对自我努力的认可

4. 人必需的自由

5. 希望公开的真相与正义

通常情况下，就是以上这些内容。不妨认真思索一下我们的欲求（尊严、保护、认可、自由、正义、真相），仔细察看并在心里默读几次我们找到的欲求词汇，而不是多次阅读评论并受到伤害。

练习 2

阅读以下几种欲求，分享自己的生活中这些欲求的重要性与具体意义。讲述者说话时，倾听者以沉默表示共情。

- 尊严
- 保护
- 认可
- 自由
- 真相
- 正义

不要琢磨对方充满攻击性的言论，而是认识自己重视的核心欲求，就会带来强烈的内心变化。因为比起垂头丧气和愤怒，我们更拥有改变的力量。此时，我们努力理解自己的需要，即去了解欲求的受挫，是我们构建健康生活的必要过程。同时，我们也有必要转变自己的欲求表达方式。

练习 3

无可挽回的自动思维		转换为核心欲求
我这副样子，没人会理解我。	→	我想被理解。
明明不知道，还要胡说八道，真可恶。	→	对自己的言行负责很重要。
关于我的流言会一直散播下去。	→	我希望公布真相。
人们会讨厌我吧。	→	我需要爱和信任。

（自己也写一写吧）

每个人都有欲求。欲求是极其私人的需求与希望，同时具备人人可以理解并认可的普遍性。有人就算是指责他人，也希望通过指责得到某种满足，因为指责只是对话的过程，并不是目的。目的存在于欲求之中。不论什么行为，都源于渴望的欲求。人为了欲求而活，哪怕满足欲求的方式是暴力的。因此，就像前面说的那样，人的欲求是生命的力量。

因此，我们需要重新思考的是，为了健康的生活，我们需要记住哪些事项呢?

通过他人充满恶意的思维，发现我们重视的欲求，记住这些欲求的意义，是有益的方法之一。比起做什么、忽略什么、回避什么，更智慧的方法是把对方的指责停留在对自我欲求的明确上。不要专注于对方的情绪与文字，而是专注于自身的欲求。想一下那些欲求对自己的意义，认可自己心中的生命力。

练习 4

（1）逐一说出欲求表（第 107 页）中看到的欲求词汇，说一说那个欲求对自己的人生有什么意义，以及那个欲求为什么重要。

（2）讲述者进行陈述时，倾听者保持沉默，不提任何意见，只是安静地倾听。

（3）交换角色，再次分享。

对话练习感到厌倦时的注意事项

以下是沟通台阶示意图。

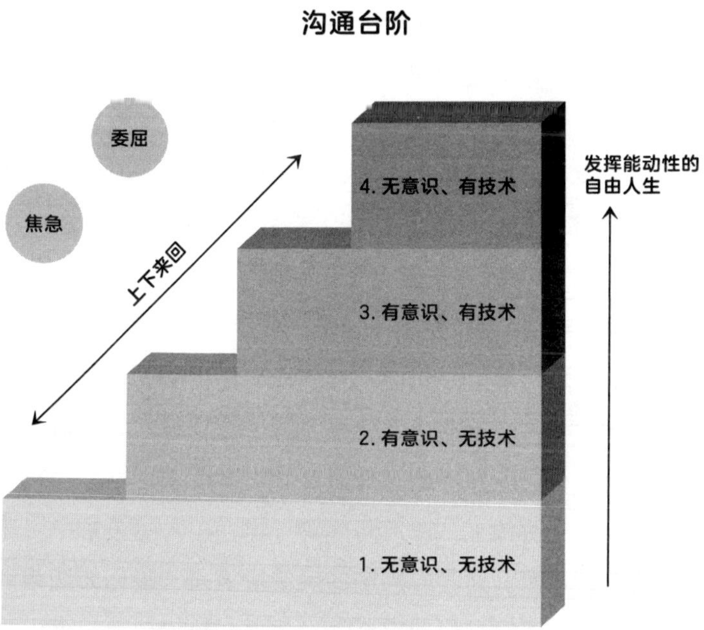

在对话中，安静倾听某人的讲述或观察某人的行为，并非易事。所以，学员们大多会对倾听练习产生以下感受：

“要听到什么时候呢？真着急啊！”

“为什么只有我在倾听呢？有点委屈人。”

一个人出生之后，过了周岁就会开始行走。刚过一岁的孩子，无法理解为什么要系鞋带。所以，只要给孩子穿上鞋，他就会想要行走。他意识不到为什么要系鞋带，也不知道应该怎么系。这就是第一阶段。**第一阶段，无意识、无技术**。但是，等到孩子稍微长大，走得熟练了，就算没有系鞋带，也会随意行走。“扑通”一声摔倒之后，他就会意识到“原来应该系鞋带”，明白“为什么要系鞋带”，但这时还不会自己系。**第二阶段，有意识、无技术**。所以，孩子会希望家长帮忙系鞋带。此后，孩子出门时就会意识到必须系鞋带，通过试错法逐渐训练技术。**第三阶段，有意识、有技术**。经过了这个过程，孩子就会无意识地、自然而然地熟练系鞋带了。**第四阶段，无意识、有技术**。

对话也与系鞋带十分相似。大家都不曾在学校的课堂里学过如何系鞋带，只是在家庭中看到并习得了这项技术。对话也是生活中的学习。我们认识不到为什么要学习对话，在不具备对话技术的阶段（第一阶段），像走路摔倒一样，在人际关系中也难免会经历很大的困难，而那时周围的反馈应该是“跟你无法沟通”之类。某一天，我们意识到应该学习对话，却依然不知道应该怎么说话、如何倾听（第二阶段）。

此时，我们通过这本书相遇了，认识到学习对话的必要性，慢慢开始学习技术。因此，只要认识到这个问题并且不断练习，技术就会逐渐娴熟（第三阶段）。经过这个阶段，就算没有意识，我们的技术仍然存在。听到令人感到不适的言辞，我们就会自动判断“那句话是在表达诉求还是感谢”，并启动翻译器，具备了理解对方的能力，同时不会感到不快（第四阶段）。

但是，对话与系鞋带有一个区别：只要学会系鞋带，就不会再次遗忘，对话的能力却可能在瞬间再次失去。对话练习是根据对象与情境爬台阶，有时我们就算意识不到，技术也会存在，就像站在最高层台阶那样；有时却会不知不觉地思考“我为什么要理解那个人呢”，无意识地跌落到无技术的底层台阶。然后，又会根据对象或情境的再次出现而上一个台阶。如此上下来回，像锻炼腿部肌肉一样，也会锻炼对话的肌肉。

这个台阶在哪里呢？你想去哪里呢？下行不是失败，上行也不是永远的成功。就像随着上下台阶而变得健壮的腿部肌肉一样，内心与能力的强韧和坚实便是最大的成功。因此，希望大家不要放弃，我们会始终一起前行。

Chapter 4

表达自己内心的练习

愤怒

理解并表达自己为何痛苦

愤怒不是因为对方

几年前，我曾经为小学高年级的一个学生做过咨询。那个孩子经常被爸爸打。有一天，他写了一首诗，其中的字句令我非常心痛。诗的主题是关于用针刺皮肤的痛苦，以及使用各种工具虐待孩子、随手抄起身边物件打孩子的爸爸。各位听到这个悲惨的虐待故事，觉得这个孩子的情绪如何呢?

我小时候也遭受过不少暴力。很遗憾，对方也是我的父亲。我本不想谈论已经深感后悔与抱歉的父亲，但是此处有必要对此进行说明。父亲和母亲离婚之后的几年，他经常打我。当时我真的非常生气，也很害怕，内心开始郁积愤怒。

听了这个孩子的故事，我觉得自己比任何人都了解他的心情，因为我和他拥有相似的受害经历。

所以，我问他：“你想到爸爸会很生气吧？”

我永远不会忘记他听到这句话之后的眼神。他看着我，眼中不见丝毫愤怒。“不，老师，我不生气。”

我知道这是他的真心，不是在说谎，但是我无法接受。

我再次问他：“真的吗？你从来没有因为爸爸而生气吗？”

孩子沉默了一会儿，回答道：“老师，我不恨爸爸。我很想他，而且从来没有生过气。我只是觉得害怕和难过。”

世界上还会有这种事？我想到父亲，总是又生气、又委屈，还有愤怒。我认为父亲是我产生这种情绪的全部原因，而且相信和我经历相似的人都会感受到这种情绪。其实，我心里明白“对方只是一种刺激，不是我的情绪的原因”，但这种想法对童年的受害经历却不奏效。

那个孩子可以说是我的老师，那一瞬间，我幡然醒悟。他和我有过同样的经历，施暴者是亲生父亲，父亲让他痛苦，但他却和我感受到了完全不同的情绪。亲生父亲只是我们的情绪的刺激，不能成为原因，这个孩子通过自身经验明确地告诉了我这一点。

以那次事件为起点，我深刻地认识到了自己的愤怒情绪源于哪些欲求，即照顾、安全、保护欲求。于是，面向父亲的“怒火”的情绪能量逐渐缩小，转换成了悲伤与遗憾。现在也是如此，想到不幸的童年时期，我依然会有种缺失的悲伤，但是不会再怨恨父亲。多亏了那个比我儿子还小的孩子，我才能领悟到生活中的大道理。

我对非暴力对话的最大困惑，因为那个孩子的倾诉而变得明了，可谓受益匪浅。正如马歇尔·罗森伯格所说，对方只是引发我们的情绪的刺激，而不是那种情绪的原因。

我们发怒时，不仅会把情绪的原因推卸给对方，强迫对方负责，偶尔还会过度包揽他人的情绪。总的来说，此时我们就是在彼此推卸情绪的责任，强求对方的特定言行。

我们把自己的情绪原因转嫁给对方，自己则隐藏在愤怒的情绪中，企图以暴力的方式让对方屈服，或者强求对方发生改变。尤其在发怒时，我们不会努力明确自己的情绪，而是更加着力于分析并解决那种情绪出现的原因与结果。

沟通式对话练习

（1）“都是因为你！我现在感觉不爽，原因就在你。”与搭档分享一下做出这种判断的个人经历。

（2）“都是我的错。那个人感觉不爽，都是因为我。”与搭档分享一下做出这种判断的个人经历。

（3）将情绪的原因转嫁给对方时，那次对话的结果如何？分享一下当时的具体言行。

不论何种情绪，都有接受的权利

> 我很讨厌对他人产生负面情绪。根据对话课程中的学习，所谓“负面”应该是指“愿望受挫”吧。例如，心里怨恨某个人，认为对方冷漠无情，就会感到一种莫名的愧疚感，似乎不该产生这种情绪，总是想忘掉。小时候，我曾经想陷害某个人，当时把这句话告诉了父母后，被骂得很惨。父母当时说过的话我一点也不记得了，只清楚地记得一个场景，他们使劲用手捂住我的嘴，差点儿我就要窒息了。说不定正是因为那段记忆我才变成这样。每次心里产生负面情绪时，我就觉得无法呼吸，所以愈发不想感受那种情绪，因此我极力地回避。学习“可以感受任何情绪”的内容，真是一种神奇的体验。我一定要告诉自己的孩子，不论感受到什么情绪，都是你们活着的证据。

处理不适情绪的习惯方式（“都是因为你”“都是因为我”），会导致我们回避感受情绪本身。如果转移给对方，就会怨恨对方；如果独自包揽，就会加深愧疚与抑郁。如果对方是我们珍视的那个人，心生怨恨对我们自身也是一种痛苦。当然，也不会有人想要经历愧疚与抑郁。以习惯的方式对待情绪的态度会使我们丧失理性，变得情绪化，还会让自己感到羞耻。

不过，我们有能力感受任何一种情绪。非但不要回避，反而有必要正确、细致地感受与认识情绪，因为我们所感受到的情绪可能是个人需要，也可能是源自文化、社会背景。情绪是个人的内心感受，似乎是极其私人的，却也是通过综合的社会学习而形成的自动反应。所以不要回避或者压制这种变化无常的情绪，而是应该正确认识情绪，这是非常重要的过程。

1. 感受到情绪，本身没有任何问题。重要的是，不要以此为信号引发某种行为，认识并理解我们所重视的东西。

2. 我们评价一个人“感性”时，通常有以下两种解读：

· “这个人情感丰富。”

· “这个人现在难以健康地调节情绪。”

如果是“情感丰富”，则意味着我们可以充分理解自己与对方。如果是“难以健康地调节情绪”，只要学习认识并调节情绪的方法即可。心理学家已经证实，虽然很难调节性格所引发的第一轮情绪反应，但是可以学习认识与调节情绪的方法，合理调节第二轮的情绪反应。我们学习对话，原因也是如此。

沟通式对话练习

（1）选择一个不想感受的情绪，然后与搭档分享自己的想法。

例：“可能妈妈总说自己又累又痛苦，所以我讨厌这种情绪。”

→ 疲惫

（2）分享情感丰富的生活小经验，认识当时的情绪。

例：我和十二岁的儿子一起看电影《义犬报恩》时哭了。

→ 感动，难堪

（3）如果经历过调节情绪的困难，一起分享那段经历，并认识当时的情绪。

例：“昨天开车时，我不知不觉冲着加塞的车破口大骂。”

→ 恐惧，惊讶

不适的情绪源于内心欲求

这是去参加同学聚会时发生的事情。A打扮得珠光宝气，介绍着自己的近况，还说要为晚餐付账。我心存感激，同时开玩笑说：“可以买甜点吗？”A笑着说：“随便点。”

吃过晚饭，独自回家的路上，一起参加聚会的B给我打了电话，对我一通埋怨：“真是的，你有那么喜欢她吗？居然还让她买甜点？我心情糟透了，根本就不想吃。”

学习对话对我很有帮助。同样的刺激（朋友华丽登场，请吃饭），我和B感受到了完全不同的情绪。我心存感激，觉得又开心又有趣，B却很不爽，觉得不自在。

我觉得华丽登场的A想要得到认可（在我的生活中，被认可也很重要）。由于认识到这一点，我的情绪中也产生了一种欲求：祝贺A的成功，开心地接受她的慷慨。B看到A的行为，或许认为她是在逞能。我推测，这种思维与B欲求受挫（照顾与自我保护）有关。虽然不知道我的猜测是否正确，但我们显然在这种刺激中感受到了完全不同的情绪。所以我能确认，情绪的原因存在于各自的欲求中。

如果认识不到情绪，就会任由情绪支配行为。在这种情况下，会出现两种思维交叉的现象。理解这种思维，对理解与表达愤怒十分重要。

1. 对情境与当事人的判断思维

“小时候又没什么本事，现在就开始逞能了！”

“瞧不起我，是吧？”

“她算什么东西，居然请人家吃饭。”

2. 由情境或者刺激引发某种行为、冲动的思维

“下次不想让她来了。”

“这么爱炫耀，真想让她立刻走人。”

“从此之后，有她没我！”

第一种情况出现了判断错误，不是对情境合理健康的判断；第二种情况，则与情绪表达引发的暴力行为有关。尤其是在这种情况下，为对方贴上的负面标签比正面标签的影响更大，容易让人陷入消极思考。

例如，我们面对重要度相似的五个积极信息与五个消极信息，会更关注消极信息，这就是“负面影响”。在发怒的情况下，大脑中快速闪过的自动思维会像电脑命令语言一样支配着我们，并以言行表现出来。因此，内心感到不适时，确认自己的思维，是摆脱偏向性思考、调整愤怒的重要过程。

“愤怒”偶尔会像抓不住的雾气一样出现在眼前，挡住我们的视线。愤怒中通常存在着悲惨、悲伤、羞耻、疲惫等更加明确而具体的情绪。雾气散去，道路就会变得清晰。因此，如果我们可以明确地认识到自己的情绪，就会在感到不适与痛苦时得以恢复状态，找到对人生有帮助的方法，培养解决问题的能力。

轻易引发暴力行为的“愤怒”情绪，属于我们自身。不是他人令我们愤怒，而是我们自己在愤怒。我们对自己的“愤怒”情绪负责，人生才会变得更加自由。

沟通式对话练习

（1）分享最近感到不适的琐事（在这个分享中，对日常小事的举例会比大发雷霆的情况更加有效），写下并分享当时的无意识自动思维。

（2）结合当时感受到的情绪，认识并寻找重要欲求，然后与搭档分享。参考例文，根据自己的情况进行对话。

在这个过程中看到情绪与重要的欲求。

例：孩子们很吵闹，不断大喊。→ 好累。→ 因为休息很重要。

认识并正确表达愤怒情绪

认识无意识的思维与行为，训练有意识的计划，对正确理解和表达愤怒极其重要。从现在开始，我们一起学习无意识的部分（以下第 2、3 项），并练习有意识的部分（第 4～7 项）。通过认识各个步骤，可以了解到更加健康的表达愤怒的方法。

认识思维的方法是，对每个阶段保持心理距离，并进行观察。“原来发生过这种事。”“当时我是这样做的啊。”“当时我是这样想的啊。”以这种形式逐一回想并了解发生在自己身上的事件、行为、思维、感觉、情绪与欲求。

1. 认识愤怒的事件

奶奶生日的两天前，全家人打算一起出去吃饭。读初二的儿子在房间里打游戏，我叫他出门，儿子却说："为什么偏偏现在出去？我游戏刚开始，而且是和朋友一起打，我才不出去呢。再说了，奶奶又不是今天过生日。"我回答说："大家都去，怎么就你不去呢？回来再玩游戏也可以啊，快点起来！"儿子嘟囔着要"和朋友一起玩"，但是在我的强制之下，还是离开了房间。那天儿子的表现当然一团糟，他只是默默吃饭，一句话也没说。

2. 认识冲动行为

我那天对儿子大声喊叫，把鼠标砸了，直接关了电源。

3. 认识自动思维

我觉得他作为奶奶的孙子，当然应该跟着去。全家人一起吃饭这件事当然非常重要。不能如此不懂规矩，还嘀嘀咕咕的。整个晚饭时间，我都很想打他一下。

4. 认识身体的感觉

吃饭时一直胃胀，心跳加速，全身发热。餐馆温度并不高，我却一直在擦汗。

5. 认识情绪

我很生气，说具体点是很厌烦，对儿子感到很失望。

6. 认识核心欲求

家人过生日，我希望全家人一起庆祝，儿子也可以开心地参加。

7. 认识计划

其实我后悔了，强制带儿子出门没有任何意义。我想，当时倒不如留下儿子，我们自己出去吃饭更好。儿子后来说，自己攒了钱准备给奶奶买生日蛋糕，还写了一封亲笔信。等到生日当天，家人一起吃蛋糕，开心地给奶奶庆祝也不错。我并不想这样强迫他。

与亲近、值得信任的人一起做这种练习可能会比较顺利。如果没有按计划进行练习，误会的可能性也比较低；就算误会了，也有和解的余地。所以，刚开始进行对话练习时，与珍视之人一起练习是最好的。刚开始和心爱的人，下一次和比较舒适的人，像这样逐渐加深不适的强度，扩大对话练习对象的范围，练习效果也会拓展开来。

像上述案例一样，通过七种“认识”，从简单的事件开始练习，逐渐深入到沉重事件的练习，我们就会认识情绪、调节情绪，练习健康地满足自己的欲求。

我们可能很难与“讨厌的敌人”共情，尤其当我们相信对方是不适情绪与愤怒的原因之时。因为与珍惜、喜欢的人相比，我们在这两种情况下的内在基本情绪是不同的。

练习 1

负面评价自己讨厌的人，用一句话写下那个人的错误。

例：“那个人只考虑自己，是一个利己主义者。”

→ “那个人 ________________________________。”

然而，与“敌人”重新沟通的能力，是我们的人性所在，对我们有益而无害，了解这一点非常重要。

如果无法理解情绪源于自己的思维与欲求，或者无法接受这个责任，我们就会把解决情绪的控制权转交给了对方，若得不到解决，还会仇视并怨恨对方，引发沟通断裂的恶性循环。

为了摆脱这种恶性循环，首先要认识到我们的情绪原因与责任，重新找回转交给对方的情绪控制权。因此，我们有必要重新关注自己的思维与情绪。

如果可以保持距离重新观察这些因素，我们就不会再草率地泄愤，而是能够尽可能健康地表达自己的欲求。保持距离观察这个情况时，我们看到的不是双方的问题，而是欲求，如此便可以开启沟通的良性循环。

※　**表达“愤怒”时切记**

对方有什么错？→ 我重视什么？

练习 2

认为对方存在某种问题时，我们重视的欲求是什么？

例：我认为那个人只考虑自己，是一个利己主义者。此时，我重视的事情是照顾对方，彼此帮助。

→　我认为那个人 ________________________ 。此时，我重视的事情是 ________________________ 。

奥地利诗人里尔克曾说：“如果可以爱彼此的差异与距离，就会看到完整的对方。”练习对话时，不妨改写一下这句话：“如果可以认识到大脑中浮现的思维，与心里感受到的情绪之间的距离，我们就可以看到自己的内心。”

所谓愤怒，可以解读如下。

1. **愿望受挫的信号**
2. **将自己的情绪原因转嫁给对方的信号**
3. **引发冲动后悔言行的信号**
4. **将矛盾转变为机会的信号**

沟通式对话练习

（1）认识事件：回想并写下愤怒的具体事件，与搭档分享当时的经历。

（2）认识冲动行为：详细写下当时的行为。

（3）认识自动思维：按照以下格式填写，并与搭档分享自己的想法。

1）“你强迫我 ______________________________。”
2）“你当然应该 ____________________________。”
3）“你不应该 ______________________________。”
4）“我想 ________________________________。”

（4）认识身体感觉：分享身体的变化。

例：心跳加快、出汗等。

（5）认识情绪：对照第 84 页的情绪表，寻找符合自己的表达。

（6）认识核心欲求：对照第 107 页的欲求表，寻找符合自己的表达。

（7）认识计划：如果下次出现这种情况，你打算怎么做？写下来并与搭档分享。

请求

明确请求的理由并请对方帮助

我们都有愿望

表达欲求对我来说实在是一件难事。“你想要什么？你觉得你需要什么？”回想起来，我从小到大其实都没有听到过这种话。四十岁过半，第一次开始认识到自己的欲求时，我产生了这种想法：“即使认识到欲求，又会怎么样呢？”

在明白了欲求之后，我反而感觉更受挫了，抵触情绪也在加重。或许是因为我在成长过程中不善于表达自己，所以只要看到积极表达自我主张的人，就会感到不适，然后默默忍受着。我觉得，就算寻找到了喜欢的东西，人生也没法事事如意，那么为什么一定要那样做呢？那么努力去寻找或者表达，给人感觉既小气又自私，我觉得挺不舒服的。

如果可以集中于想说的话，而不是不想说的，给彼此留下伤痕的对话就会明显减少。但是，很多成年人也并不知道自己心里真正想要什么。我见过很多四五十岁的中年男性，在寻找自己的欲求时就像变成了孩子。不过，他们也会像上述案例中的学员那样，表现出强烈的反抗。

前来咨询的学员都希望自己的人生发生改变。但是他们既希望人生发生改变，又害怕改变自己的行为。只要想到改变，他们就会害怕，陷入“和谐接受”的心理状态，即更习惯以往的生活方式，明明想要改变，在练习改变的过程中又会经常反抗。面对这种情况，我会指导他们从微小的行动开始，简单轻松地与信任的对象一起练习。

儿子上高中以后，便不再回复我的信息。据我观察，他会第一时间回复朋友的信息，在家里也一直拿着手机。为什么我在外面发信息给他，他就不回答呢？真是让我很不开心。我问他：“信息明明显示你‘已读’，为什么不回复呢？”从此之后，信息便显示为“未读”了。过了几天，我又对他说：“你要是看到手机收到消息，就回复一下！朋友们的信息你都回复，为什么不回复爸爸呢？又不是看不到。”儿子回答说：“我不用那个聊天软件，我和朋友们用其他软件来聊天。而且，看到不就行了吗？非要回复吗？”我们开始相互指责，儿子最终不情愿地说：“我回复，可以了吧？”这事情才告一段落。

他应该会回复吧。我得到了想要的结果，却完全感觉不到如愿的好心情。我的欲求到底是什么呢？我也很重视自己想要的东西，但是说出来总会觉得害羞。怎么说呢？有点难为情吧。不过后来，因为我明白欲求是和对方沟通的重要因素，所以鼓起勇气给儿子发了信息。

“爸爸昨天批评了你，对不起。爸爸只是有点伤心。儿子，爸爸也希望像你的朋友那样，得到你的重视。”儿子立刻回复道：“爸爸，那您应该直接说出来啊。以后我一定会回复您的信息。”还发了一个心形的表情。

“如果不合理，就不要练习；如果感到别扭，就要战胜。”对话训练中给我的激励，让我拥有了从未有过的力量。

“应该直接说出来。”

各位读者，请记住这句话。这是我们的欲求能促进双方关系发展的原因。如果我们表达出请求行为背后隐藏的自身欲求，对方就可以明确地理解我们。我们总是不愿开口，却又迫切渴望对方的主动理解，那么请务必记住，对方就很难猜透我们的心思并主动采取行动。只有我们表达出自己的欲求，才能避免“猜不透”，并开始彼此理解的对话。

我们通过请求，可以建立起沟通更加深刻的关系。请求不是表现出自己的无能，而是送给对方一个展现内心的礼物。请求也是一个机会，我们可以展现出自己的人性与不完美。每个人都有为他人表现自身能力的欲求。

我们向某人提出请求，对方帮助了我们，这是一段愉快的经历，我们是帮助的受益者。请求的结果不是对方损失了时间与物质，而我获得了利益却欠下了债务，而是构建了对双方都有帮助的珍贵关系。“社会支持”是对心理健康产生重要影响的因素之一。社会支持度高的人，即社会关系密切的人，比社会支持度低的人更加健康、幸福。而且，提高这种社会支持度的方法之一，便是通过请求来互相帮助。如果可以提出并接受请求，关系双方就会产生沟通，以此构建可以获得社会支持的坚实关系。

理解“为什么想要”

1. 认识核心欲求

欲求 = 对“为什么想要”某种东西的深刻认识（WHY）

我们在生活中会依照习惯行事，或者局限于自以为正确的判断之中。所以，当我们做了某件习以为常的事情，如果事后被人问起为什么要那样做，我们其实很难回答。面对这种提问，我们大概会这样答道：“只是随便去做啦。这是我的责任，所以必须这样做啊。如果我不做，那谁来做呢？大家都做，就我不做吗？”

不是的，我们可以自由选择。我们可以理解自己在每个时刻为什么做出某种行为，这种理解能力可以提高做事的专注度与效率，体验到最好的结果以及幸福感。

“我今天想做什么？”“今天选择做哪件事呢？”早晨睁开眼睛，我们通常不会产生这种想法。我们会拿起手机，查看日程安排，然后思考：“今天要做的事情有哪些？”习惯性地洗澡、简单吃点东西、去学校或者工作地点，还会给孩子辅导功课、打扫卫生等。我们是否曾经认真思考过为什么要做这些事情呢？令人遗憾的是，我们通常没有过那样的思考。

这种习惯性的生活态度会完整融入并表现在对话之中。各位曾经与消沉萎靡的人一起相处过吗？老师问学生为什么要学习，学生说：“随便学学啦。”父母问孩子假期想去哪里玩，孩子说：“我懒得想。”上司问组员有没有好主意，组员说：“组长决定吧，我服从安排。”组员问上司这个项目为什么由我们组来做，上司说：“服从安排就行了，我也是被安排的。”

我们认识不到自己的欲求，于是会苦恼要做什么。如果认识到“为什么要做”，看到隐藏于其中的欲求，我们就会无意识地轻松选择要不要做某件事。

沟通式对话练习

（1）思考以下行为的理由，即想要满足的核心欲求是什么，并与搭档分享，比较彼此的异同。

例：“为什么要学习？”

→“我喜欢理解与发现。”（发现，刺激，趣味）

→“学习之后，可以用知识帮助他人。”（帮助，奉献）

例：

“为什么要工作？”

“为什么在那个公司上班？”

“为什么想离婚？”

“为什么抽烟？”

“为什么一年要旅行三次以上？”

“逢年过节为什么要回父母家？”

（2）写下日常生活中理所当然必须要做的事情，寻找一个以上想要满足的核心欲求。

例：要做的事情－就算孩子们不愿意，我也要早起做饭。
想要满足的欲求－照顾孩子们的健康，妈妈的责任，安心。

（3）写下日常生活中理所当然要做的事情，寻找至少一个以上未被满足的欲求。

例：要做的事情－每天参加学生家长的早午餐聚会。
未被满足的欲求－个人时间未能得到满足，缺乏精神沟通与情绪安定。

2. 灵活性

请求＝满足欲求的方法之一（HOW）

如果找到必须要做的事情所满足的欲求，我们看待因责任感而做的事的眼光就会变得不同。因为更有意义，所以“被迫”做事转变为“心甘情愿”做事。

“我在写对话训练的书稿。”

写稿时的习惯性思维：“什么时候才能写完啊？虽然很累，但是必须写……”

通过写稿，想要满足的核心欲求：希望对想要学习对话的读者有所帮助，希望与他人分享对话训练的经验并得到肯定，希望社会和谐。

如上所述，发现、认识欲求的训练，可以焕发我们的活力，复苏我们做某事的动机与欲望。在寻找这种欲求的过程中，我们有时会发现只通过自己的能力无法满足欲求，还需要他人的协助。最终，欲求成了请求的最重要原因，行为要求事项成了满足欲求的方法之一。同时，对核心欲求的认识越准确，行为请求事项就会越多样、越充满创意。

我们在前面已经学习了如何区分请求与强迫。强迫的最大特征是刻板性，请求的最大特点是灵活性。仔细思考就会明白，强迫的叙述者采用的特定方法，是无条件以力量迫使对方行动。

“吃饭，立刻！”→吃饭或不吃饭，二选一

强迫的表达中，没有体现叙述者的欲求，而且不允许对方拒绝。反之，请求会表现出叙述者的欲求，允许对方拒绝。换言之，就算对方拒绝，我们也对满足自身欲求的各种方法开放。只要欲求得到满足，可以接受其他办法，这就是内心的灵活性。接下来我们会进行相关练习，拒绝与方案的学习内容将在下一章进行详细讲解。

沟通式对话练习

（1）选择一个欲求词汇（第 107 页），写下没有他人帮助的满足方法，并与搭档分享。

例：自己每天早晨在网上收听并跟读十分钟英语口语。

（2）为了满足欲求，写下可以得到他人帮助的各种方法，并与搭档分享，或者和搭档一起讨论好主意。

例：我要向英语好的同学提出见面请求，一起练习英语口语。

请求的类型

请求是为了满足欲求，探索合理解决问题的过程。请求包括以下三个部分：

1. 确认自己的叙述是否正确传达的复述请求；
2. 以提问的方式理解对方的其他想法的意见请求；
3. 为了满足自我欲求，需要对方协助时，包含具体行为与要求的行为请求。

接下来，一起学习各种请求方式吧！切记一点：请求的目的是“以互相理解为基础来解决问题”。

1. 确认式的复述请求
→ 请求对方复述自己的欲求

想要确认对方是否已经明确理解我们重视的事情时，这种请求非常有效。

我们在说话时，通常认为对方已经听明白了，所以不会再次确认。然而，学员们在对话练习中复述对方的发言时，经常会说出完全不同的话，时不时还会遗漏重要内容，需要叙述者再次补充。如果对方听不明白作为叙述者的我们的请求，就很难期待对方会为我们做什么。因此，叙述非常重要的事情时，有必要请对方复述，确认是否已经听明白。如果要求对方准确无误地处理事情，结束语设定为“请复述一遍”则十分重要。

· 上司对下属：

“理解了吧？听明白了吧？”→**“你说一下，我刚才强调的重要内容是什么？”**

· 父母对子女：

“别让我说第二遍。”→**“妈妈现在为什么说这些话呢？”**

练习 1

和搭档一起讨论什么情况下需要复述。

根据我的长期经验，这种方式不必随时使用，但是在陈述非常重要的内容，或者想要向对方正确传达自己的意思时，会非常有效。文字沟通时没有必要，但是面对面地叙述时，这种方法的效果极好。调解矛盾时，只是复述彼此的欲求，就已经对和解很有帮助。

2. 加深理解的意见请求

→ 询问倾听者是否有其他意见

想要理解对方的意思，或者对对方的想法感到好奇时，可采取这种请求对方意见的方式。即便经历了同样的事件，由于每个人的价值观与需求不同，这种请求方式可以加深彼此之间的理解，增加对话的灵活性与多样性。

· 上司对下属：

“理解了吧？听明白了吧？”→**“我想先听一下朴课长的意见再做决定，怎么样？”**

· 父母对子女：

“别让我说第二遍。”→**“我想知道你为什么不写作业，可以说说你的想法吗？”**

练习 2

和搭档一起讨论在什么情况下有必要进行意见请求。

意见请求有助于理解对方的想法与处境，进而更好地解决问题。如果对方接收到可以表达自己意见的信号，很可能积极发言，在自由的氛围中轻松地提出其他意见。创意性源于内心的平静，这种请求方式可以有效地帮助我们理解对方的其他意见、需求与价值观。

3. 提高准确性的行为请求

→ 希望对方具体做什么的行为请求

当我们需要对方协助满足自我欲求时，可以采取这种郑重地说出具体要求事项的请求方式。

· 上司对职员：

“理解了吧？听明白了吧？”→**“我们开会时，可以用本子或者手机备忘录做一下记录，然后彼此确认一下，怎么样？”**

· 父母对子女：

“别让我说第二遍。”→**“昨天没写的作业，妈妈陪你做一下吧？如果有什么不懂的，我就来教你，怎么样？”**

练习 3

和搭档一起讨论什么情况下需要行为请求。

如果对方具体做某件事会对彼此有益，此时则一定要把行为请求说出来。

提出行为请求时需要注意的一点是，有必要告诉对方“因为是请求，所以可以提出其他意见”，以此让对方安心，避免听起来像强迫。这是因为，如果平时是强迫关系，就算通过练习对话改变了说话方式，依然可能听起来像是强迫。

请求 = 核心欲求 + 要求事项

1. 想提高执行力时

请求中的欲求表达非常重要，但是只强调欲求时，听起来像是强迫，对方可能会无从下手。因此，提出行为请求时应当确认以下两个方面：

1）是否有请求 / 强迫的意图。

2）请求中是否包含核心欲求与适当的要求事项。

在一段关系中，包含情绪或欲求的请求有时会比较模糊，令对方感到困惑。

> "我很抑郁，我需要你帮帮我。"
>
> "我想变成一个有意思的人。"

包含这种情绪或者欲求的请求，不仅没有赋予对方帮助我们的机会，反倒会令对方感到慌张和不解。因此，请求中一定要包含"要求事项"。要求事项会降低帮助的难度，也会令帮助更有效果。

表达出包含具体、肯定的要求事项，可以提高对方出手相助的可能性。纽约大学心理学家彼得·歌伍兹教授曾做过这样一个实验：在休假开始之前，给学生分别布置简单作业与疑难作业，并告诉 A 组学生应该什么时候、在哪里、怎么做，但对 B 组学生没有提出这样的具体要求。假期结束之后，教授检查作业完成情况时发现，A 组的疑难问题答题率在三分之二，B 组却不到四分之一。就像歌伍兹教授告诉学生做作业的具体方法一样，我们请求他人时，如果可以明确说明要求事项，对方就会更好地判断现在能否帮助我们；如果对方决定提供帮助，则能够更加轻松地帮助我们。

2. 想要停止不适的行为时

需要请求对方停止令我们感到不适的行为时，我们会习惯性地首先指责这种行为。

> “别吵了！”
>
> “别再迟到了！”

在这种情况下，对方会认为自己受到了指责，非但不会协助请求，反而会以逆反心理进行抵抗。（参考第 118 页：泰弗尔矩阵中，偏向敌方的可能性变大。）

反之，如果请求的语言是肯定而具体的表达，则对方把我们的要求事项理解为“协助”或者“帮助”的可能性就会更高。

> “可以稍微小点儿声吗？”
>
> “可以早来十分钟吗？”

请求中包含核心欲求与要求事项，有助于促成彼此帮助的亲密关系。请求不只是为了我们自身，也是为对方提供一个机会，满足其帮助他人、奉献自我的欲求。

练习说出自己真正想要的东西

向对方提出行为请求时，务必记住一点：“这是为了满足我的欲求。”大家都希望对方心甘情愿地提供帮助，而不是对自己的欲求产生责任感或者迫不得已的想法。因此，我们更加有必要认识到，请求是“为了满足我的欲求，而请求对方的具体行为”，即对方为了满足我们的欲求，会付出自己的时间、精力与心意。

那么，以什么样的心态请求对方，才会让对方愿意出手相助呢？答案就是尊重与谦逊的态度。请记住，带着尊重与谦逊的态度，请求对方的协助满足我们的欲求，这就是请求。练习一下吧！

组员不愿表达自己的意见，看起来很消极。如果想要帮助他，应该以什么方式提出来呢？

1. 认识核心欲求：取代手段 / 方法

“大声说话啊。”→“我想帮助你，教给你。”（以帮助、传授的态度）

2. 具体表达：取代模糊的表达

“累了随时来找我。”→**“周一、周三可以一起吃午饭。”**

3. 使用积极词汇：取代消极词汇

“你真叫人着急，别那么记仇！”→**“希望你在会议上说说自己的想法。”**

4. 考虑实现的可能性：取代自私的要求

“你全权负责下周的专务会议。”→**“你试着负责一下和我共同参加的那场会议。”**

5. 疑问型结尾：取代叙述与强迫

“就那么做。”→**“你怎么想？”**

→ 完整的请求表达

“朴代理，据我观察，你在开会时从来不会主动开口。我想帮助你，如果你在工作时有什么话想告诉我，可以在周一、周三的午饭时间来找我。还有，下次和我一起开会时，你负责主持，就当锻炼一下。我还希望你能分享一下自己的想法，你觉得怎么样？”

※ 注意！请求 VS 指示

在组织或者家庭中，请求大多不切实际。为什么呢？与体系的权威、等级相比，个人的决定权很难有保障。而且，组织中通常会明确告知某种方向后强制执行。

在家庭中也是一样，必须保护子女的安全时，需要坚决且明确的指示。这种情况下该怎么表达指示呢？在前面的请求步骤中，除了第 5 步（疑问式、开放式结果），第 1～4 步（认识欲求、表达、以积极语言传达要求事项，和具体、实现的可能性）都可以表达为明确的指示。不过，指示与强迫存在明确的差别，需要记住。如前所述，强迫是一种源于暴力意志的行为，为了达成目的不惜让对方感到恐惧、羞耻或愧疚，甚至动用武力，无视对方的欲求并进行施压。

指示的示例

“朴代理，据我观察，你在开会时从来不会主动开口。我想帮助你，如果你在工作时有什么话想告诉我，可以在周一、周三的午饭时间来找我。还有，下次和我一起开会时，你负责主持，就当锻炼一下，也可以谈谈自己的想法。下周二上午九点之前准备好，到时见。”

另一种指示的示例

“我们开会时，在本子或者手机备忘录上做记录，然后彼此确认一下吧！”

“安全很重要，所以我不能给你危险的玩具。拿一个安全的玩具过来吧。”

沟通式对话练习

练习行为请求。

· **情景**

（1）认识核心欲求：对照欲求表（第 107 页），写下欲求词汇。

核心欲求：

（2）具体表达（取代模糊表达）。

（3）使用积极词汇（取代消极词汇）。

（4）考虑实现的可能性（取代自私要求）。

（5）以疑问句结束对话，并能接受拒绝（取代强迫）。

· **完整的请求表达**

※ 说给搭档听一听，让搭档给予反馈。

例：“听起来像是强迫。因为你的声音太大了，而且语气很强势。如果一开始先表示‘这是一个请求’，听起来就会稍微柔和些。”

例：“听起来像是请求。因为听到这种话，既可以安心拒绝，又能让人愿意接受。尤其是你说出了欲求，被请求的人似乎还可以提出其他建议。感觉不错。”

歉意

向对方表达自己的后悔与改变

习惯性取代“对不起”的两种方式

离婚时，我真的犯了很多错误，尤其是对孩子爸爸一直的责骂。那段时间，因为觉得以前的委屈无处倾诉，所以我在睡觉的时候也在生气，有时甚至会爬起来拼命喝冷水。有一天，我叫醒孩子们，对他们说：“如果爸爸联系你们，你们应该怎么做？我是怎么告诉你们的？”“别见面了。”“没错，明白了吧？”我经常会让孩子们坐在面前，把对孩子爸爸的愤怒发泄到他们身上。

那一年冬天，两个孩子当时分别上小学四年级和六年级。12月23号晚上我出门了。我在家里待不住，所以那天把孩子们放在家里，第二天才回家。我独自外出，家里也没有准备饭菜，只把年幼的孩子们留在家里，我觉得自己应该受到惩罚，但我也没有跟孩子们道过歉。所有的一切，都是因为让我备受折磨的那个人，也就是前夫，我把所有的原因和愧疚感都归咎于他身上。孩子们现在都长大了，有时会因为一些小事向我大发脾气。我知道，孩子们心里的某种东西正在长大。尽管如此，我们却没有为此交流过。我知道不应该这样做，却不知道应该怎么做。现在也一样，如果孩子们对我发脾气，我依然不会承认自己的错误。“是我的错吗？都怪你们的爸爸！”但是，我也不想总对孩子们这样说。

“对不起”的程度越深，越是难以说出口。明明心里十分抱歉，却只能默默流泪，无法将那句话说出口，担心一句“对不起”听起来太轻松，反而给对方留下更大的伤痛。接下来，我们来一起学习如何处理愧疚感。

1. 自我欺骗

人是一种不完美的存在，偶尔会言不由衷，做出违背自己内心的事情。话说出口，又会反复思考，心存忧虑，还会变得抑郁。大家也可能会这样，与对方产生矛盾时，会想通过习惯性的言行解决问题。人在这个过程中，就算心里感到后悔，也会立刻将其正当化，通过自我欺骗来消解这种不适心理。

接下来，我们具体分析一下什么是自我欺骗。

我们经常提到“认知失调”这个词。“认知失调”这个概念可以很好地解释我们如何将事情合理化。当思维与实际行为之间出现不一致时，做出的行为已经无法改变，于是只有改变思维来与实际行为保持一致，以减少不协调感。在这个过程中，我们会欺骗自我，把事情进行合理化。

当我们说出感到后悔的话时，内心的道德标准会对此进行严格评价。不过，我们很快就会背叛这种良知。背叛自己的良知，内心产生愧疚感，但愧疚感很快又会被自我合理化消解。“确实会那么做。”“没办法。”这种自我欺骗的过程，会对关系造成破坏。因为从对方的立场来看，这种做法会引发委屈与愤怒。

自我欺骗的发展过程

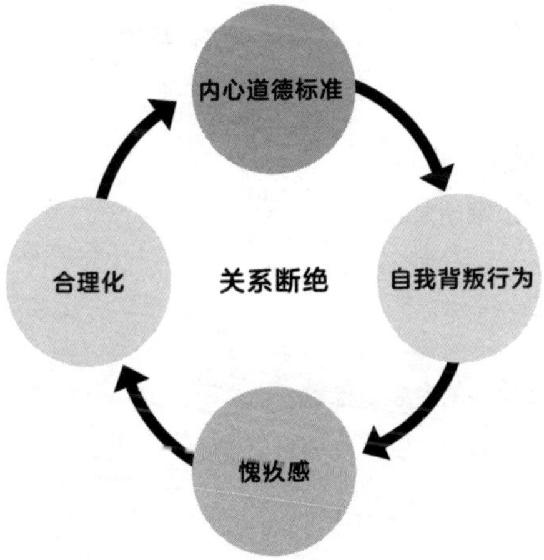

沟通式对话练习

分享最近自我欺骗的合理化经历。

参考示例，写下自己的事例，并与搭档分享。

※ 独自练习时，思考并写下来即可。

（1）写下情境

例：下夜班之后，看到地铁上只有一个空位，我赶紧坐了下来。我想打个盹儿，于是整理了一下手提包后就闭上了眼睛。到了下一站，一位看起来十分辛苦的老奶奶偏偏站在了我面前。

（2）内心道德标准

例："看到行动吃力的老人，就要让座或者帮忙。"

（3）自我背叛行为

例：我只是闭上眼睛装睡。

（4）愧疚感

例：如果不让座，就会感到抱歉。

（5）合理化行为

例：眯着眼睛找到一个比我年轻的乘客，并在心里想："我太累了，所以今天不能让座。如果是平时，我一定会让座。不过，那个年轻的学生看起来好端端的，怎么也不让座呢？"

2. 自我责备

至今为止，我每年都在升职，一次也没落下。但是，我没办法认可自己。简言之，我一直认为自己不够诚实。我记得小时候有一次和朋友们在农田里玩，一个朋友带来了一件很贵的玩具。我们生活的地方没有见过那种玩具，所以每个人轮流拿着玩。太阳快落山时，朋友说自己的玩具不见了，问谁拿走了，但是没有人回答。那时我们当中有一个非常老实的朋友，真的很老实，也很爱笑，朋友们经常取笑他是个笨蛋。那个朋友被冤枉弄丢了玩具，于是自己留在黑漆漆的农田里找玩具，后来哭着回家了。其实，是我弄丢的。我拿着玩具去水边玩，玩具被失手掉到河里冲走了，捡不回来了。

直到最后，我也没和朋友们说实话。从此以后，被冤枉的那个朋友就一直被孤立和捉弄。我一直记得那个朋友沉默怯懦的样子。偶尔想起这件事的时候，我现在依然会觉得羞耻，认为自己是个坏人。在成长的过程中，每次被认可，我心里就会这样想："我没有资格被认可，因为我知道真相。"这是我第一次对别人说起这件事。

人的自我有几种声音：

1）随心所欲的冲动的声音

2）极其严格的道德的声音

3）调解以上两种声音的合理化声音

上述案例的主人公长期在心里承受着极其严格的道德批判。对我倾诉的那天，他就像是在一件件脱衣服，因羞耻而流下冷汗，脸也红了起来。从第三方的立场听了这些话，可能会说一句：“小时候的事情至今还记得吗？真厉害。”但是，每个人都有自己或大或小的秘密，并在完全不相干的情况下引发难以预料的言行。如果内心不断响起这种严格的道德声音，我们就会对自己不满，过度责备甚至不爱自己，就像有些人会一直在心里回忆无法倾诉的后悔之事，让自己变得痛苦不堪。在心理学上，这种行为称为“反刍”。持续反刍是导致抑郁的最强烈因素之一。我们可以反刍某件事，走完反刍的过程，却不能停留在反刍当中。反刍之后，通过对话勇敢地倾诉和改变吧！

沟通式对话练习

规则

倾听者保持沉默。不要提出任何建议。

练习

回想长期感到愧疚的事件，向搭档倾诉最后悔的言行。

直面愧疚感，恢复人性与信任

1. 恢复人性

说一句“对不起”有什么难的呢？

我总是对妈妈说这句话，妈妈却无论如何也不肯承认自己的错误。我觉得妈妈也是人，也会犯错，从来没有期待妈妈是完美的，而且在自己的成长过程中也逐渐理解了她。但是，如果父母做了应该道歉的事情，就要道歉。我对妈妈说：“妈妈，你做错了就要道歉。”妈妈却立刻大发脾气：“我做得好的地方你看不到，这么点儿破事，你居然向妈妈提要求。”所以，我和妹妹早就放弃了。不过，如果偶尔提到这件事，心里还是非常愤怒。说得夸张点儿，我出生二十多年了，从来没有听到妈妈说过一句“对不起”。因为妈妈是完美的吗？不是。明明她自己总是要听我们说一句“我错了”才能消气，自己却从来不对任何人道歉，我觉得妈妈才是最不成熟的人。有一次，我和妈妈大吵了一架，几天都没回家，回来后她和我说去什么“治愈露营”的缓和关系的课程。我真的不想去，但还是被迫参加了。露营课程一共三天。第二天，妈妈站起来朗读自己写的信，其中有一句话是这样的：

“我二十四岁时生下大女儿，年轻懵懂就做了妈妈。女儿在我这样的妈妈身边长大，受了不少苦。我看着她如此忍让，心里说过无数次抱歉，却不知道为什么那么难以说出口，所以只能以写信这种方式来表达：女儿，对不起。”我听着妈妈的信，坐在那里呜咽……最后哭得差点儿晕过去。我感觉因为那句话，所有的不满都平复了。

对待愧疚感的明智方式具备以下三个目的：人性的真诚、互相尊重、恢复信任。为了这三个目的，我们需要彼此沟通。

关于后悔的事件：

1）如果是自己的责任，则须对过程和结果坚决道歉；

2）在解决的过程中，承认自己的言行的错误。

很多人出于自尊心不想道歉，说出“对不起”会感到委屈，所以即使后悔也不愿说出来。如此一来，我们会把力气用于自责或者合理化，违背自己的真实心意，最终，珍视的关系可能以悲剧收场。但实际上，真正的自尊心难道不是我们努力纠正自己的错误，并认可自己做得对的事吗？真心说一句“对不起”，会产生难以想象的巨大力量，使人的内心变得平静。

2. 理解对方的情绪时间

解除婚约后，我开始觉得自己不懂人情世故。我认真生活，工作也不错，而且身体也还算健康。小时候妈妈去世后，我就一直和爸爸一起生活，没想到这一点会成为婚姻的障碍。“虽然没有母亲不是一种罪，但是你们俩不能结婚，因为成长中没有母亲是一种缺失。”对方的父母当着我的面说了这些话。当时我非常生气，自尊心也受到了伤害。最重要的是，我爸爸没有再婚，而是独自把我抚养长大，我觉得自己很对不起爸爸，所以选择了毫不犹豫地和男方分手。男方父母自始至终没有向我道过歉。这已经是四年前的事情了，但我到今天仍然觉得很难过。虽然希望生活还能继续，但是一想到要重新认识一个人，就会觉得担心，也没有信心。那显然已经是过去的事情了，但我至今还受到它影响，而且它还影响了我的未来……

希腊语中对时间的定义存在两个概念：物理流逝的时间“柯罗诺斯”（Chronos）与心理上流逝的时间“凯洛斯”（Kairos）。柯罗诺斯表示原本的物理时间，凯洛斯代表人生的特定时间。本案例的学员曾经说，解除婚约是她人生中最受伤的一件事。那天，她还说明了为什么道歉很重要：对方父母给她造成了伤害，是他们忽视了“人生的时间——凯洛斯”。

为什么应该道歉呢？

因为无心的一句话、一个举动，可能就会破坏对方的正常生活。当事人受到过往事件的伤害，至今有可能依然受其影响。

当然了，有人会切断过去受到的伤害，不再感到痛苦。如果可以这样，那他真的做了一个勇敢的选择。然而，来自珍视之人或者家人的伤害，会被封锁在人们的心理时间里，停留在过去的某个特定时间。如果理解了他人会因为我们的言行而停留在过去，无法正常生活，我们也会更加小心言行，避免给他人造成难以复原的伤害。

但是，人有时也会造成一些无心伤害。所以我们可以做到的另一件事就是，真心对他人道歉。总而言之，我们不应让他人因为我们受到伤害，被牵绊在过去的时间里，无法正常生活。每个人都会经历生死，却无法预测生命的长度，唯一明确的是，我们会在有限的时间里度过自己的一生。如果我们的言行导致他人无法正常生活，封闭在备受折磨的过去，那将会是一种巨大的痛苦。对时间概念的这种理解，足以成为我们必须道歉的原因。

现在，坦然、平静、真诚地说一句“对不起”吧！

真心表达歉意

1. 观察并陈述感到后悔的言行

我们感到抱歉或者后悔时，必须如实回忆并陈述自己对对方造成不适的言行。如果语义含糊或者轻描淡写，听者就会在对话之初产生抗拒情绪。做出违背内心的行为时，任何人都不愿再次记起。但是，在和解或道歉现场进行指导时，我发现如果处于加害者立场的一方如实陈述自己的行为，受害者一方则会用心倾听。希望大家记住，受害者（倾听者）在那一刻回忆起当时的情绪，可能会更加愤怒，但如果加害者（讲述者）表现得真心实意，他就会听到最后。

下面介绍几个陈述后悔言行的示例。

“我有时会对妈妈发脾气。其实我根本就不应该生气，但是我神志不清时就会胡言乱语。”

→“把‘胡言乱语’说得具体一些，使用准确的表达。”

“你算什么妈妈？你有资格吗？”我为自己说了这句话而感到后悔。

“昨天我不知不觉朝下属吼了起来，话好像说重了。”

→“把‘说重了’的话描述得具体一些，使用准确的表达。”

“你马上给我滚出去！”说出这句话，我真的很后悔。

“我昨天随意弄坏了孩子的东西。”

→“把‘随意弄坏’的东西说得具体一些，使用准确的表达。”

“扯坏了孩子喜欢的娃娃，还扔到了垃圾桶里。”我对自己的这种行为非常后悔。

“我上个星期顶撞了父母，然后就回了自己家。”

→“把‘顶撞了父母’说得具体一些，使用准确的表达。”

“我再也不来了！我们断绝关系！”说完这句话，我摔门走了。我现在感到非常后悔。

练习 1

写下自己说过的感到后悔的话，或者具体的行为，并与搭档分享。

例："真不知道我怎么会有你这样的孩子。如果你坚持这么做，就滚出这个家！"我说着这句话，拿出孩子的衣服和书包一起丢到了房间外。我对此感到十分后悔。

2. 写下并分享内心严格的道德声音

我建议大家写下自己内心那些严格的道德声音。如果这些话出自他人之口，我们就很容易产生防御心理。不过我们的心里不乏各种自责的声音，这些自我评价很安全，可以坦诚地写下很多。因为这些道德的声音，我们会在与他人的关系中产生切实的愧疚感，接收到恢复人性的信号。

如果我们心里没有这种道德声音，我们的关系会不会变得十分暴力呢？不回避这种声音，坦诚地写下来，我们就能发现被忽略的重要欲求。请大家记住，向对方道歉时，寻找这些欲求是最重要的事项。

练习 2

各自写下心里的道德声音，并与搭档分享。

例："这是妈妈该对孩子说的话吗？孩子该多受伤啊！换作是你听到这种

话，心情会怎么样？这么感情用事有什么好的？这样孩子学习就能好吗？不如愿就胡言乱语，已经不是一次两次了，你没有做父母的资格，连情绪都控制不好。”

3. 寻找道德声音中隐藏的“重要欲求与情绪”

“我不该打孩子。”

→“我想保护孩子的安全，但是对没做到这件事感到很抱歉。”

“我不该在人前指责下属。”

→“我本该尊重下属，却没有做到，觉得很后悔。”

“我身为父母，赚不到钱，也没什么能力。”

→“我想让孩子过上好生活，但现在真的很难过。”

“我竟然看不起学生，自己简直没有资格做老师。”

→“我想以尊重的态度教育孩子们，却没有做到，其实很焦急。”

“我希望妈妈快点消失，我是个坏孩子吧？”

→“我有时候讨厌妈妈，有时候又爱妈妈，觉得要尊重她，但又做不到，心里就很难过。”

自我督促、教育的严格声音里，隐藏着维持人性的重要核心欲求。寻找这种欲求，并且告诉对方，才是正确的道歉形式。感到愧疚时，大家不要回避自己心里这种强烈、严格的声音，而要如实写下来。但是，也不要只相信这种严格的声音，过分怨恨自己。此时，我们不该合理化自己的错误言行，却也要理解与宽容自己。如果我们不能宽容自己，也就不能宽容对方。谈到与自我宽容有关的“自我怜悯”时，心理学家克里斯汀·内夫表示，真正的自我怜悯，是不要严厉苛责没有达到目标或要求的自己。这不是告诉我们回避或者不改正自己的过错和失误，而是善意地支持、激励健康的机能与行为。独自写下道德的声音，在每一句话当中寻找被忽视的核心欲求，这在向对方表达歉意时是最为关键的。

练习 3

通过道德声音发出的信号，寻找“我们重视的核心欲求”与情绪。

例：“孩子该多受伤啊！你换个角度想一下，那是为孩子好吗？”

→ 对孩子的尊重

“你那么感情用事，有什么好的？这样孩子学习就能好吗？不如愿就胡言乱语，已经不是一次两次了，你没有做父母的资格，连情绪都控制不好。”

→ 控制情绪的能力，沟通时的平常心

核心欲求：

我想尊重孩子，好好控制自己的情绪，与孩子进行对话，但是我做不到。

情绪：

所以，现在我心里很后悔，为自己感到很羞愧。

4. 通过当时的行为，认识需要得到满足的核心欲求与情绪（寻找自己当时那么做的原因）

人的语言与行为，不管是暴力还是非暴力，都是努力满足某种欲求的过程。暂且不论这种行为的对与错，我们首先有必要认识自己希望得到满足的欲求与情绪，以此进行自我宽容。通过这种方式，把自己看作一个普通人，把所有遗憾或后悔的事情看作自然而然的人生经历，促进自我沟通以及与他人的沟通。停止自我责备与愤怒，努力共情，可以帮助实现更加健康的言行。在这个过程中，我们会看到自己回避或者忽视的一面，明确理解自己当时为什么做出那个选择，又为什么对那件事感到自责。

练习 4

通过当时的言行，寻找“我想满足的核心欲求”，感受当时的情绪。

例：**得知儿子没有去补习班，而是去了 KTV，我既担心又生气。**－焦急，生气（情绪）

儿子要升学了，我想看到他主动学习的样子。－安心，信任（核心欲求）

5. 为自己的言行改变制订计划或请求他人

需要他人帮助改变行为的请求，要鼓起勇气说出来。我们在自责时很难拜托他人，但是认识到自己当时为什么那么做，以及真正的欲求是什么（理解并宽容自己）之后，就可以为了下一次行为的改变而请求他人帮助。这种做法并非依赖他人，而是以健康生活的内在欲求为基础，培养自我改变的力量，塑造不断成长的人生。倾诉内心歉意的最后一步，是制订新行动的计划，并付诸实践，防止下次重蹈覆辙。

1）制定自我规范；

2）询问即将接受道歉的对方希望自己怎么做；

3）向第三方求助。

儿子要升学了，没去补习班，却去了 KTV，妈妈得知这一切，可以采取以下三种方法：

1）自己的计划：去阳台深呼吸几次再开口说话。

2）与对方讨论：问一下孩子，如果下次再发生这种事，希望妈妈提供什么帮助。

3）向第三方求助：给补习班老师打电话询问孩子是否出了什么事，或者拜托老师能够安慰并指导孩子。

练习 5

制订改变自身言行的计划或者向他人求助。

通过后悔的事情来学习（建议用向对方倾诉的方法）

1. 具体描述感到后悔的事件。

2. 写下内心严苛的道德声音。

3. 道德声音中隐藏的“重要欲求”是什么？你感觉到了什么情绪？
   ——参考思维 - 情绪 - 欲求表（第 102～103 页）

4. 通过当时的行为，认识“我渴望的欲求”是什么，感觉到了什么情绪？
   ——参考思维 - 情绪 - 欲求表（第 102～103 页）

5. 做出用于下次改变的计划与请求
   1）写下自己的计划
   2）询问对方希望自己做出的行为
   3）拜托第三方

沟通式对话练习

脱离自己的思维，关注对方的痛点

（1）回想一件后悔的往事，具体写下事件，并对搭档陈述。

※ **规则：彼此保持沉默倾听**

（2）现在对那件事进行自我评价的道德声音。

（3）发现隐藏在道德声音中的“重要欲求”与此刻的情绪。

核心欲求：

情绪：

（4）通过当时的行为方式，理解“我当时想要满足的欲求与当时的情绪”。

核心欲求：

情绪：

（5）做出改变的计划与请求。

对自己：

对对方：

对第三方：

※ 小贴士：向对方倾诉时

1. 倾诉后悔的事情时，要进行具体描述。

2. 尽量不要告诉对方自责与自我批评的声音。（因为对方想听的不是我们自责，而是想听到我们理解了对方的痛苦。）

3. 缓慢、真诚地倾诉道歉的原因（我们重视的欲求以及情绪），因为对方最想听到的是我们的内心。

4. 我们的陈述可能听起来像是在辩解，所以对方感到好奇时（如果对方表示“真的很好奇当时你为什么会那么做”），应进行简短的说明，然后回到上一步，重新详细叙述。

5. 与对方沟通，讨论以后应该怎么做。

Chapter 5

维持健康关系的分享练习

拒绝

拒绝的同时，维持彼此的关系

拒绝的要点：以诚相待

夫妻二人每次因为琐事产生矛盾时，我就会对结婚感到后悔。结婚前，老公对我紧追不舍，我最后就和他结婚了。当然，他一直对我很好，所以我也觉得“不会遇到更好的人”了，而且我当时年纪不小了。我心里总有一个想法：“因为我和你结婚了，所以你必须对我好。”但是，生活中难免出现一些小问题，我每次都会大发脾气。

“你当时没有拒绝，勉强结了婚，或许老公也因此丧失了可能遇到更爱自己的人的机会，你觉得呢？”我在课堂上听到这个提问的时候很不开心，但是越想越觉得说得对。如果我当时拒绝嫁给她，我们会拥有更多时间好好思考，这期间老公也可能会遇见更爱他的人。我也一样。“我不想伤害他”，我在他求婚时的这种想法反而是一种伤害，剥夺了他人生中的重要机会。得知这一点后，我觉得很抱歉，觉得他理所当然对我好的想法也减少了。这是我的选择，所以我也应该负责起来。谁做得更好，谁更差，谁更配得上谁，不要计较这些，而是现在作为夫妻能够彼此理解，这种共同的努力更重要。

拒绝是送给对方的珍贵礼物。但是，这个拒绝礼物不是通过让人疼痛的投掷送过去的，而是小心地走过去递给对方的。拒绝，并不是拒绝对方这个人，或者是要断绝关系，而是以诚相待的过程。我们提出某种请求时，如果对方心里想要拒绝，却不表现出来，只是友好地表示会做到，那么即使他们答应下来，我们也不会开心。所以，我经常会在对话训练中向所有学员提问："如果我们拜托他人，对方被迫接受了，那么我们是会感激、开心，还是想要收回这个请求呢？"

大多数学员会回答说，假如对方不具备义务性的"共同责任"，就想要收回请求。上述案例也是一样。陷入爱情的男女，表白时会被拒绝，也会拒绝对方。被拒绝的一方显然会很痛苦，不过对方明明不爱自己，却又不能拒绝，只是被迫在一起，没有人会愿意或者喜欢这种关系。平复暂时的伤痛，就有机会遇见更合适的人。拒绝，是我们人生中必不可少的对话要素。

在我们的文化背景下，把"不"字说出口不是一件容易的事。不善于拒绝的人，经常会被认为是一个"善良的人"。但是，不懂拒绝，只是说出"好"的"善良的人"，总是难以满足自己真实的内心欲求。自己有别的该做的事或想做的事，却对他人说“好”，只会让自己越来越不幸福。最后，他们通常也会对自己做过的事情感到后悔，或者后知后觉地埋怨对方提出了过分的请求。

无法拒绝他人时，通常有以下原因：

1. 担心自己受到伤害

2. 担心对方受到伤害

3. 想当一个好人

4. 为了避免矛盾

5. 可以不必负责

6. 不懂如何拒绝

要做到妥善拒绝，必须先正确理解拒绝的含义。拒绝不是无视对方，而是表达此刻对自己而言更重要的价值或是事务。这个过程或许并不容易，但是，为了合理满足自己的欲求，我们必须鼓起勇气，理由如下：

1. 如果不懂拒绝，就无法把时间与精力投入到真正重要的事情上。

2. 为了照顾对方而被迫接受请求，会在不知不觉中把对方当作一个负担，或者心存埋怨。

3. 很难期待长期与对方维持健康、真诚的关系。

综上所述，被迫说“好”并不是对请求提出者的礼仪，因为这种回答也剥夺了对方“以轻松的心情”接受帮助的机会。谁会真心希望他人被迫接受自己的请求呢?

拒绝不是单方面排斥对方

指责与惩罚只能制造强迫，合作与理解才能创造共赢

我曾经和大学好友凑了点钱一起去旅行。那一年，五个人利用工作闲暇凑钱准备经费、选择目的地、确定日期。但是，一位朋友有了新的交往对象，旅行日期与对方的生日重叠，她就不想遵守约定去旅行了。我给这位朋友发短信说：“准备了一年，大家做出这个决定很不容易，还是一起去吧。”朋友再次表示拒绝：“可那是男朋友的生日啊，我做不到。这次你们先去玩，下次我再一起去吧。”

那一瞬间，我强烈地感觉不能让这种事发生。“恋爱再怎么甜蜜，也不能把我们的友情看得那么微不足道啊！你是多么无视我们，才会做出这样的决定啊？”我产生了这种想法，以指责的语气给她发了信息，最后还加了一句话：“你觉得好朋友之间的约定不值一提，那就且看你恋爱谈得怎么样吧。”现在想来，这种说法太不成熟了，不过当时却无法忍受而说了出来。朋友虽然说了对不起，表示很想一起旅行，但是我已经感到不舒服了。或许那并不是一件大事，显然也有其他的办法，但最后我把一切都搞砸了。

只有朋友关系会如此吗？家人之间呢？我们以为自己很宽容，然而真正面临对方拒绝我们的请求时，却又变得十分刻薄，甚至急着寻找对方必须答应的理由，强迫对方接受。就算恐吓、羞辱对方，令其心存愧疚，也要达成所愿，这就是我们对待拒绝的习惯性态度。我也一样，家人不愿接受我的请求时，我的内心就又难受又埋怨，即使内心深处可以理解对方拒绝的原因，但那一刻却很难愉快地接受这个结果。

如果把拒绝比作人人避之不及的怪物，则更有必要了解它的真实面目。我们不是因为拒绝本身，而是对待拒绝的思维，让自己丧失了寻找最佳办法的可能性。所以，我们有必要正确理解拒绝，学习寻找妥当方法的态度。

常务把我负责了三个月的工作转交给了隔壁组的组长。接手别人做了一半的工作，那位组长非常生气，又不能对常务发怒，所以把气发泄到了我头上。“这是我安排的吗？如果你觉得做不到，就去和常务说吧。”我的这种说法让他更生气了。昨天，他给我打电话：“朴组长，你挖的坑为什么要我来填？我的工作本来就已经够多了！”

后来，我根据在对话训练中所学的知识，推测了那位同事的欲求，认为他可能是需要“帮助”。我想帮助他，所以把自己以前准备的材料通过电子邮件发给了他。同事看到大量的文件资料，简直更气了。第二天下午，他在电话里对我大喊大叫：“为什么给我发了一堆没用的资料？你要让我什么时候看完啊！”我也开始生气了。这又不是我的指示，他只是把对常务的怒火转移到我身上罢了。为了找到解决办法，我决定停止“指责”，采取“合作共赢”的态度，共同寻找合作解决问题的办法。可是，我当时依然忍无可忍，对他大吼：“你不需要吗？那你到底想要什么？”组员们全部像看一个疯子般盯着我。

听完他的讲述，我问他：“如果当时没有按照所学过的知识推测对方的欲求来对话，你觉得自己会怎么说呢？”他回答道：“如果不那样去思考，我显然会说出很过分的话。按照平时的习惯，我会说‘你这个疯子，别再说挖坑这种话了！如果自己能力不足，你和常务说去！别再给我打电话！’比起这些话，当时的回答好多了。所以，我不后悔。”

对方没有按照我们的意愿行事时，我们会习惯性地指责、惩罚对方。但是，也有必要考虑一下后果。

至此，我们练习了聆听，但还没有具体学习如何解决问题。因为解决问题不是对话的目的，对话的目的是加深对彼此的理解，即沟通。解决问题的各种方法则是随之而来的。同事挂了电话，或许会思考自己的欲求是什么。但是，如果挂电话前挨了骂，就会不断埋怨说出那种话的对方。

哪种方式更有利于解决问题呢？是指责与惩罚，还是以欲求为基础的合作共赢？

沟通式对话练习

摆脱习惯性指责与惩罚的方式，练习合作与共赢的对话。

例：孩子没打招呼就从我的钱包里拿了钱，还不承认。

指责与惩罚的方式："你要当小偷吗？这是坏人的做法！你想挨揍，还是老实交代？"
合作共赢的方式："诚实很重要。只有你说实话，爸爸妈妈才能帮助你。你说说看。"

（1）读小学五年级的孩子几天没写作业，你接到了老师的电话："请关注您的孩子的作业。"

以指责与惩罚的方式解决：
以合作共赢的方式解决：

（2）如果你是老师，看到学生在课堂上拿出化妆品开始化妆，要么就在玩手机。

以指责与惩罚的方式解决：
以合作共赢的方式解决：

（3）每次在过道里遇见新员工，他都会直接走过去，不和你打招呼。假如你们在某个没有他人在场的安静空间里相遇，你作为前辈，想对他说一句话。

以指责与惩罚的方式解决：
以合作共赢的方式解决：

（4）由于公司人手不足，同事们分担的工作量有所增加，一个组员抱怨分担的工作：“为什么不多招人，总是给大家安排做不完的工作？”

以指责与惩罚的方式解决：

以合作共赢的方式解决：

倾听对方的拒绝：“原来对方有重视的事情”

1. 区别行为与存在

对方拒绝的是我的请求“行为”，而不是我这个“人”

那天我真的很难过。我平时喜欢说一些消极的话，不开心了，自己在家睡一觉可能也不错，但偶尔真的很想找人倾诉。在这种想法的驱使下，我给男朋友发了信息。

“我今天真的很难受，一会儿有时间的话，一起喝一杯吧。”

几个小时之后，他才回复我：“我今天有同学会。”

看到这个回复，我立刻产生了两种想法：

“对啊，他说过今天有同学会。”

“就算如此，不应该先担心一下我吗？”

我若无其事地回复：“知道了。”

“怎么了，你不开心吗？”

“没事。”

其实，我确实不开心了。虽然并不是不可理解，但是看到那条回复之后，我心情真的很差，希望他过来陪我。过了一会儿，他又发消息过来："六点钟在你公司楼下见吧。我和朋友们说了，九点再过去。"

我那时已经非常伤心，所以给他回复说："算了，别管我了，我要回家休息。"

现在想来，和男朋友一起喝酒，聊两个多小时再回家也不晚，对我来说算是最好的安排。可我当时很伤心，就算有更好的解决方法，也依然心烦意乱。结果已经如我所愿，我却还是任由糟糕的心情发酵。男朋友只是想遵守之前的约定而已，我却在那个瞬间觉得男朋友不重视我，是在拒绝我这个人。

倾听拒绝的难点在于，尽管对方拒绝的显然是我们的请求行为（下班后与女朋友一起喝酒聊天），我们却把拒绝行为与我们这个人（对我的重视程度）联系在一起。练习倾听拒绝的重点是，不要把对方的拒绝与我们本人相关联，而应与请求"行为"相关联。

在人际关系中，害怕被拒绝，带着这种不安的期待，对他人的拒绝过度敏感，在心理学里称为"拒绝敏感"。如果对拒绝过于敏感，就是以自我为中心，把拒绝看成一种威胁。"拒绝"可能引发消沉、漠不关心、嫉妒、怨恨等，甚至发展为抑郁、不安、愤怒。

练习 1

分享在日常琐事中经历的“拒绝敏感”。

“拒绝”并不是一个令人心情愉悦的词语。然而，当双方可以自由地拒绝时，才具有真正彼此信赖的关系，实现开放的沟通。平时善于拒绝的人，某一天对我们愉快地说出“好”时，我们就知道那是真正的“好”；如果一个人不擅长拒绝，总是回答“好”，则很难分辨他所说的“好”是真心的还是被迫的。

如上所述，如果我们正确区分了“行为”与“人”，接受对方的拒绝，就可以维护双方的意愿，寻找其他可行方案。拒绝“我”和拒绝一个“方式”，是两件完全不同的事情。如果可以把对方的拒绝理解为拒绝当时那种“方式”，正确理解了对方对请求的拒绝，我们就会想出更具有创意性的解决方案。

练习 2

分享被对方拒绝之后寻找到的更好方案。

2. 关注对方的核心欲求

我以前总是对大儿子发脾气。平时让他做点什么事，他总是说做不到。他每次都会和我顶嘴，反问我“为什么”，所以总是挨打，这点和小儿子完全不一样。孩子长大之后，我们的母子关系自然疏远了，大儿子也似乎对我心存芥蒂。

几天前，我让大儿子出去遛狗。他朝我说：“妈妈自己很烦遛狗吧？你自己厌烦的事情总是指使别人去做，别人也会很烦。”如果是平时，我可能会骂他：“你这小子，遛个狗怎么了？要不就赶紧把狗送给别人去！”但因为接受过对话训练，我在那一刻不知不觉转变了说话的方式。“哦，你也很烦是吧，原来你和我一样。你想休息吗？”

说完之后，我自己也很诧异。儿子可能第一次听到我说这种话，目不转睛地看着我说：“妈妈您怎么了？”虽然很不好意思，我还是趁机说了下去：“没什么，你不是说你很烦吗？其实妈妈也很烦，因为想休息，但又要遛狗。所以，你应该也想休息，对吧？”

儿子听到我的话，回到房间，穿上衣服出来了。我问他去哪里，他回答说：“去遛狗。我不是那么想休息，只不过妈妈每天指使我，我心情很差，所以才那么说。遛完狗以后，我还要去见朋友。”儿子刚开始拒绝了我的请求，如果我继续威逼利诱，他可能不会这样对我敞开心扉。我并不想控制儿子，但只是做到了关注儿子的欲求，他就心甘情愿地去遛狗了。

我向儿子提出请求时，儿子拒绝的理由不是需要休息，而是每次都被指使，所以心情很糟糕。他希望得到的是尊重和理解。

那天我哭了。儿子这么乖，我以前却对他说出那些话……我深刻反省了自己，感觉很对不起儿子。

听到对方的拒绝，可能会产生未被接纳的不快与恐惧。但是，拒绝的过程中存在着理解彼此欲求的机会。心里不愿意，说出口的却是“我可以”，这种做法实际上是自欺欺人。

以前，我们为了避免矛盾，维持良好的关系和形象，总是面带微笑，口是心非，并没有向对方表现出自己真实的一面。孩子拒绝父母的要求，是心智健康的体现。组员拒绝组长的无理要求，也有可能是为了提高团队的工作效率。这是因为，在集体当中，敢于拒绝是心理安全感的证据。想要平静地提出这种拒绝，需要彼此间的信任。信任源于强者努力倾听弱者的意见。如果强者可以正确理解弱者的拒绝，弱者就会产生心理安全感，在内心平静的状态下提高创意性与自由度。这种自由的沟通会塑造出更好的问题解决能力，是组织、家庭或者其他团体成长与发展的基础。

明智地接受对方的拒绝，同时不伤害自己，需要牢记以下三点：

1）受到拒绝，表示对方现在有更重要的欲求。如果可以把对方的拒绝理解为欲求的一种表达，那么就能在保护我们自身的同时，又能与对方维持高质量的关系。

2）对方并不是拒绝“我”这个人，而是拒绝我为了满足自身欲求而向对方求助的“方式”。只有拒绝者心里隐藏的核心欲求得到理解，才会反过来理解请求者想要得到满足的欲求。

3）尊重并理解对方的欲求，可以构建彼此沟通的机会。对方的欲求得到理解之后，接受我们的请求、选择对我们有帮助的行为的可能性就会增加。

练习 3

思考一下自己在所属公司、家庭、组织中产生过的心理安全感，并进行分享。

理解拒绝者的核心欲求

“原来你有更重要的事情。”

“不能接受我的请求是有原因的。”

1　请求中体现了我的核心欲求

· 核心欲求：具体、积极、可实现、疑问型

例：“我希望全家人在一起亲密交谈。我们为此每周举行一到两个小时的家庭会议，大家觉得怎么样？”

2　理解对方的核心欲求

· 在心里理解对方言行背后隐藏的核心欲求

例：“一到两个小时？家庭会议开这么长时间，我太忙了，参加不了。”

核心欲求：“原来他重视效率，想自由支配时间。”（自由，选择，效率）

3　承认并表达出对方的核心欲求

· 表达出对方的核心欲求，并予以理解

例：“你想自由选择吗？有什么更高效的办法吗？”

沟通式对话练习

下面进行倾听拒绝的练习。认识对“行为”的拒绝，倾听对方的核心欲求。

※ 参照欲求表（第 107 页）

例：父亲退休三年后开始沉迷于炒股。听母亲提起这件事后，我对父亲说：“您现在有多少私房钱啊，还拿去炒股？别让家人担心了，收手吧！”父亲立刻大发雷霆：“你小子，我和你要钱了吗？你少管我做什么！管好你自己！”

1）父亲拒绝了什么行为？

不要继续炒股。

2）父亲的欲求是什么？

自己依然有能力赚钱。- 有能力、自信

保护照顾家人。- 保护、生产力、认可

3）写下对话，并与搭档分享

“父亲，您依然想照顾家人，为家里提供经济支持吗？”

参考以上案例，思考以下情况应该如何解决。写下来，并与搭档分享。

（1）由于公司人手不足，同事们分担的工作量有所增加，一个组员抱怨分担的工作：“为什么不多招人，总是给大家安排做不完的工作？我不做了。”

1）这位组员拒绝了什么行为？

2）这位组员的欲求是什么？

3）写下你的回答，并与搭档分享。

（2）老师打电话给你，告诉你初三的女儿最近不写作业。你督促女儿，女儿却回答说："妈妈上学时就总是按时写作业吗？我先出去和朋友玩，回来再写。先写再玩和先玩再写，有什么区别吗？"

1）女儿拒绝了什么行为？

2）女儿的欲求是什么？

3）写下你的回答，并与搭档分享。

（3）你现在已经是高中生了，希望父母多给点零花钱。父母却说："你花钱大手大脚的，零花钱不能多给。"

1）父母拒绝了什么行为？

2）父母的欲求是什么？

3）写下你的回答，并与搭档分享。

（4）每次在过道里遇见新员工，他都不和你打招呼。你提醒他之后，他却回答说："不打招呼也没什么吧，谁规定新人必须先打招呼呢？"

1）新员工拒绝了什么行为？

2）新员工的欲求是什么？

3）写下你的回答，并与搭档分享。

表达拒绝："我有重要的事情。"

1. 无条件理解请求者的核心欲求

我是职场妈妈，所以母亲和保姆在轮流帮我照顾孩子。我的丈夫早晨六点上班，我是轮班制，有时下午三点出门，有时凌晨五点。所以，母亲早晨六点会到我家，在我们出门上班之后，带孩子去上幼儿园，还会帮忙打扫卫生。

下午两点左右接孩子放学回家后，母亲会和保姆见一面，之后母亲离开，保姆来带孩子。到了那个时间，母亲就开始给我发信息，大多是挑保姆的毛病：妆化得太浓，不关心孩子等，让我另找人。其实，总是换人看孩子并不好，孩子也喜欢那个保姆，她和孩子其实玩得很好。

但是，母亲还是不断给我发信息。我在上班，收到信息会很心烦，每次都不知道该怎么回答。我很想对母亲说："别再给我发信息了，这事您少操点心吧。"可我又不能那样做……

我在对话课程中学习了拒绝，以及无条件理解对方的核心欲求的内容，于是开始关注起母亲的欲求。她为什么会这样做呢？

突然间，我想到母亲现在的核心欲求会不会是"希望我认可她做得很好"呢？我好像这才明白了母亲的心思，接着我就给她发信息，表达了我的想法。

“妈妈，真的非常感谢您。我知道您每天凌晨来看孩子很辛苦。我只要起床准备上班就可以了，您却要凌晨就来帮忙干活儿。妈妈不像保姆那样有时间打扮自己，但对外孙的照顾却一天不落，我现在才明白这种牺牲。我非常感谢您，所以给您发了这条信息。妈妈，谢谢您。”

刚开始，信息只显示已读，过了三个小时之后，依然没有回复。是我自作多情了吗？总之，这是我真心想说的话，所以等等看吧。又过了三个小时，妈妈终于回复了。

“你们更辛苦。我尽力帮忙看孩子，因为这是我的外孙，所以是理所当然的事。你能够理解这一点，真的谢谢你。”

此后，母亲对保姆的不满消失得一干二净。天哪！理解了母亲的行为原来是源于这种欲求，我变得轻松多了。“拒绝的第一步是完全理解对方的核心欲求”，这真是个了不起的发现。以前，我要拒绝时总是开口就说“对不起，我做不到”。

我们在前面已经学习过，拒绝为什么如此重要，真正的意义是什么，也学习了倾听拒绝的方法。现在，我们再来一起了解如何更加柔和而准确地拒绝。

拒绝，表达了既不接受对方的行为，又想与对方维持关系的意向。不接受对方想要的行为，同时又想维持舒适的关系，这种愿望可能有些矛盾。但在彼此能够深度沟通的情况下，这并不是一个奇怪的说法。

前面的案例中，母亲想换一个保姆。这是母亲希望的方法，即“行为”。讲述者拒绝这个请求时，没有直接说“不”，而是首先寻找，并充分认可了母亲行为中想要被满足的核心欲求。

前文出现了“认可”这个词语。各位觉得“认可”重要吗？应该是很重要的吧。我也不例外。我写这本书的重要欲求之一，就是希望可以被更多读者阅读和认可。

练习 1

与搭档分享自己希望得到谁的认可，为什么？交换角色，倾听搭档的想法。

现在，各位更加理解上述案例中母亲的认可欲求了吧？拒绝者如果只说一句“不”，请求者就会感到伤心，想在心里垒起一堵墙。

一旦形成这种心理防御机制，彼此的关系就很容易变得疏远。女儿没有说出“别再发信息了”这种话，只是充分理解了母亲的欲求，母亲便不再提换保姆的事情。虽然并非所有的情况都会如此，但是大多数情况下，只要充分理解请求者的欲求并与其共情，问题就会得到解决。

对方的请求只是满足欲求的方法之一。请求者通常未能事先认知自身欲求（比如认可），只会提出某种特定的要求（换保姆）或者指责他人（没有做保姆的资格）。拒绝对方的请求时，如果帮助请求者充分理解自己的核心欲求，对方就会敞开心扉接受我们的拒绝，并愿意倾听其他意见。

沟通式对话练习

例：六年恋爱后，我们准备结婚。婚礼一辈子只有一次，所以我想在高级酒店举办，尽量邀请更多的亲朋好友，女朋友却说："那有什么意义吗？结婚的是我们，展示给别人看有那么重要吗？我觉得比起向别人展示，更应该办一场有意义的婚礼。"于是，我问她应该怎么做。她说："我想在自然风光中举行一场户外婚礼。"可能是考虑到客人们会十分不便，也可能是不知道自己该做什么，我每次听她这样说都觉得很累。

- **叙述者想拒绝什么行为？**
  举行户外婚礼。
- **女朋友的欲求是什么？**
  举办一场真正的婚礼。意义、分享。
- **写下想对女朋友说的话，并与搭档分享。**
  "你的意思是说，你喜欢自然风景，想和大家分享婚礼的意义，是吗？"

参考上述案例，写下你对以下情景的反应，并与搭档分享。

（1）由于人员减少，现在每个人负责的工作增多。本应该增加组员，却没人提出这个建议。组长说："B 组以前做的工作现在由我们负责，我们每个人负担一点吧，明白了吗？"你并不讨厌组长，但是不能忍受这种负担，心里非常想拒绝这份工作安排。

1）你想拒绝什么行为？

2）组长的欲求是什么？

3）写下想对组长说的话，并与搭档分享。

（2）你现在可以独自做事，父母却总是不相信你。只是有几次没做作业，父母却像出了什么大事一样一直对你念叨：“你今天写作业了吗？写完作业再玩！如果老师再打电话告状，看我怎么收拾你！”你真的不想听到这句话，想告诉父母“别管”，但又不知道该怎么拒绝。

1）你想拒绝什么行为？

2）父母的欲求是什么？

3）写下想对父母说的话，并与搭档分享。

（3）我们小时候都会办一张公交月卡，但现在的孩子都用信用卡坐车。不久前，儿子说自己比朋友的零花钱少，让我多给一点。就算他来恳求我，我都要好好想想，可他居然那么没礼貌，我就根本不想给他。绝对不能随便给孩子增加零花钱，不然他会觉得赚钱很容易。但这句话该对他说吗？

1）家长想拒绝什么行为？

2）儿子的欲求是什么？

3）写下家长想对儿子说的话，并与搭档分享。

（4）有一位前辈，明明先看到别人也不会打招呼。难道他不是应该先打招呼的人吗？一定要年轻人先打招呼，这是法律规定的吗？不久前，一位前辈在洗手间里对我说：“在集体生活中，后辈应该先打招呼。你现在是新员工，看到前辈应该跑过来问好，明白了吗？”我听完以后更不想和那个前辈打招呼了。

1）叙述者想拒绝什么行为？

2）前辈的欲求是什么？

3）写下想对前辈说的话，并与搭档分享。

---

2. 帮助对方认识自身欲求

再婚之后，我们夫妻二人一直和儿子共同生活。不久前，我们搬到了其他地方。儿子正在读高三，不能转学，所以他在我再婚前生活过的娘家和外婆一起住，而我们因为工作关系，在四十公里之外的地方生活。儿子早晨去学校，然后去补习班，晚上十点才能回家。我没有什么特别需要为儿子做的事情。但是，哪怕只能在一起待半个小时，儿子也要让我每个星期都回到自己与外婆居住的地方。

有一天，老公对我说："周末我总是和你一起回去，但是你平时去得太频繁了。最近就连本来应该陪我的日子，只要我晚上有约出门，你就要回去。我希望你不要这样做。"

我觉得反正老公会晚回家，回去陪一下身为高考生的儿子是妈妈理所应当做的事情。听完老公的抱怨，我问他："你是希望我遵守陪你的约定，对吗？"老公回答说："是的，我就是这个意思。"

紧接着，为了让他理解我的欲求，我回答说："我想在孩子高考前尽量照顾他，也想遵守和你的约定，该怎么办呢？我也想听听你的想法。"老公沉默了一会儿，回答说："老婆，我想了一下，你的话没错。孩子高考前，如果我加班太晚或者晚饭有约，你就去儿子那里吧。我本来也该一起去的，却只能让你自己去，真是对不起。我理解你了。”

我感谢他以后，对他说：“和你在一起的日子里，我会尽量配合你的安排的。”

比起直接说出“不愿意”，表达自己的欲求，才是更重要的拒绝技巧。这是我们建立良好关系的主观努力，同时也是“寻找彼此欲求”的过程。因此，比起直接拒绝，告诉对方“我现在认为__________很重要”，会是一种更加柔和而明确的表达，因为我们没有直接拒绝对方，而是表明我们因自身欲求无法接受对方的请求。

拒绝只是不同意对方要求的事项而已，并不是无视对方或者拒绝对方这个人，反而是向对方传达真心、表达真情实感的过程。

练习 2

（1）回想自己想要拒绝的日常琐事，并写下自己面对这种情况时一般会怎么做。

（2）尝试拒绝。不要直接说“不”，而是表达自己的欲求。先把自己想说的话写下来，然后与搭档分享。

例：在公共场合，有人要求关空调（我很热，想开空调）。

平常行为：关空调，脱掉外套或者扇扇子。

拒绝练习："不。"→"您冷吗？我出汗了，所以想凉快一点。我们交换座位怎么样？"

拒绝对方的请求，意味着发现自己内心此刻更重要的欲求。健康的拒绝拥有一种力量，它既能守护自己的欲求，同时也关注并照顾了对方的欲求。我们拒绝了对方，却通过理解彼此的欲求，维持了关系。

表达拒绝之前，我们有必要首先在心里确认以下事项：

1）对方的核心欲求是什么，我理解对方欲求的迫切了吗？

2）我的核心欲求是什么？我有勇气说出来吗？

3）我在拒绝的同时，想到满足对方欲求的方法了吗？

4）我想过和对方谈一谈自己的建议吗？

确认了这些事项，就不会无条件地拒绝，而是会提出更好的方案。

提出方案的对话方法

“有一个办法对我们都有好处。”

1 理解对方的意图

· 安静地倾听对方的请求。
· 寻找对方话语中隐藏的核心欲求，表达出来，并无条件接受。

2 帮助对方理解我的意图

· 不要评价或者指责对方，而是探索自己的核心欲求。
· 告诉对方，我也同样有核心欲求。

3 改变方法：说“不”

· 想想其他的办法：从时间与空间上拓展。
· 拒绝请求，理解欲求。

4 提出对双方都有益的方案

· 按照所学到的对话知识，提出自己的方案。
· 具体、积极、可实现，“对双方有益”。

沟通式对话练习

练习提建议

思考想要拒绝的案例，和搭档分享。

（1）理解对方的意图

例："你现在好像很重视＿＿＿＿＿＿（欲求），我理解得对吗？"

"我充分理解你的欲求。"→ 无条件理解。

"我理解你的欲求，但是……"→ 有条件，则不是真的理解。

（2）帮助对方理解我的意图

例："我和你一样，我也有重视的事情（欲求）。"

"你和我都有自己重视的事情。"

"但是我也有自己重视的事情。"

→ **每个人都有自己的欲求，这是共同点。**

不要说"但是，我……"，而是"我也……"。

（3）转换方法：说"不"

例："我很难答应你的请求。不过，我们一起寻找可以满足彼此的其他方法吧。"

（4）提出对彼此有益的方案

例："为了双方考虑，这个方法怎么样？你有考虑的方案吗？"

在维护自身欲求的同时，我们尽管想帮助对方，有时却也不知道该怎么做。"我想帮助你，不过需要一个可以同时满足我的欲求的方法。所以，请你也协助我。"我们想向对方明确表达这种想法时，可以通过以下方式来对话。

向对方传达自己没有更佳方案时的对话方法

“为了能让我帮助你，请你也帮助我。”

1 理解对方的意图

- 沉默地倾听对方的请求。
- 寻找并陈述对方话语中隐藏的欲求，然后接受。

2 帮助对方理解我的欲求

- 不要评价或者指责对方，而是探索自身的欲求。
- 告诉对方，我也一样有我的欲求。

3 向对方征求方案：找到“方法”

- 请对方提出对彼此有益的方案。
- 接受欲求，探索需求。
- 帮助对方一起寻找可以同时解决我的需求的方法。

沟通式对话练习

练习表达想要提供帮助但不知如何去做

回想一段想要拒绝却没有更佳方案的经历。

（1）理解对方的意图

例：“你现在似乎重视 ________________（欲求），我理解得对吗？”

“我充分理解你的需求。”

（2）帮助对方理解我的意图

例：“我也和你一样，我也有自己重视的欲求。”

“原来我们都有自己重视的事情。”

（3）请对方提出解决方案：找到方法（How）

例：“我想在满足自己需求的同时帮助你，但不知道怎么做。”

“你有什么办法可以照顾到双方吗？我可以配合你。”

心理学家亚当·格兰特教授在《给予和收获》（*Give and Take*）一书中提到过利用对方满足自身欲求的人。如果我们总是在对话中保持沉默，可能会遭遇那种只关注并满足自身欲求，丝毫不尊重对方的立场与欲求的对话方式。以这种方式说话的人主要以“你要这样做”“你怎么敢不做”“趁我还客气的时候赶紧做”“不做你就完了”这种语言恐吓、羞辱对方，令对方感到愧疚等。如果有人这样不断地对我们提出某种请求，不妨思考一下，这个人真的是我们人生之中必不可少的人吗？如果不是，那就要坚决拒绝。

拒绝心理操纵者的方法

“那件事我帮不上忙。希望你可以好好解决。”

1 坚决说“不”

- 明确表达自己的立场：答应对方的要求并不是迫于对方施压。
- 如果对方说个不停，打断他的话。
- 询问对方应该怎么做（不要让方案涉及自己）。

2 表达我的重要欲求

- 不要评价或者指责对方，只表达我的核心欲求。

沟通式对话练习

练习拒绝心理操纵者

回想总是利用你的人，以及对方提过的要求。

（1）坚决说“不”

例：“那件事我帮不上忙，希望你可以好好解决。”

（2）正确表达自己的重要欲求

例：“现在对我来说，________________（欲求）很重要，所以我不能答应你。如果你解决了，可以告诉我。”

调解

介入矛盾，联结双方痛苦的内心

解决矛盾的四种习惯性方式

前面已经充分说明，一个人通过天生性格与生活经历而定型的信念，在出现矛盾的情况下会表现为习惯性的言行。所以，每个人处理矛盾的习惯也各不相同。

我们在生活中形成各种人际关系，经历各种事件，会强迫对方接受自己的意向（自私区域），或者为了回避矛盾，放弃自己的欲求而配合对方（自我放弃区域），执行义务性的行为（义务区域），以及相互表达、理解并满足欲求（互惠区域）。

这些处理矛盾的习惯性方式，会根据对象而有所改变，也会根据对事件强度与责任的判断有所不同，即根据自己的性格、经历与理解事情的程度，形成处理矛盾的习惯模式。这些习惯性方式根据双方所关注内容的雷同与差异程度，可以分为四个区域。

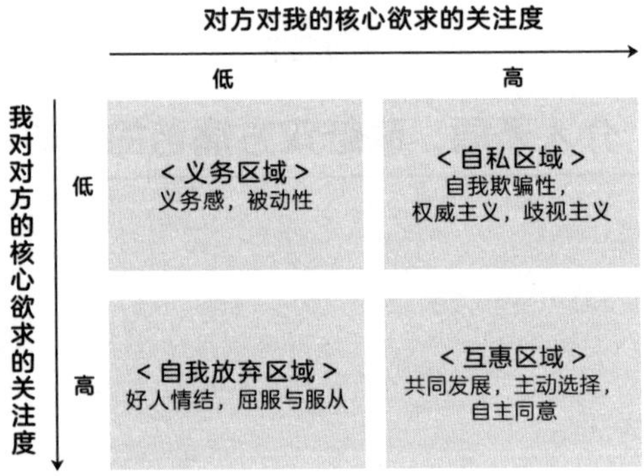

1. 义务区域

没有人一开始就想这样解决问题，甚至建立关系。反复尝试后遭到失败，或者受到强大力量压制时，就会进入义务区域。义务区域并不关注对方的意图，自己的意图也不重要，只要做到最低标准，完成任务即可。因此，义务区域不是以欲求为基础的矛盾解决方式，而是以行为作为基础的解决方式。

在这种情况下，就算想寻找好办法也无法实现，因为双方遇到矛盾时就会开启以自我为中心的思考。此时，不彼此理解，只是为了解决问题，则必须有一方做出牺牲。而且，这种牺牲可能已经形成习惯。如果在集体中经常遭到压制，人在遇事时就会变得烦躁，形成只做分内之事的思考模式。在义务区域，就算问题得到解决，也不会对过程与结果产生真正的满足感，因为一切都是理所当然要做的事情。这样的生活很无趣，也没有自由选择为内心带来的充实。

“我不关注自己与对方的欲求，也讨厌吵架，更没有来自义务感的快乐。就算我说出欲求也没什么用，而且这有什么重要的呢？双方只要做必须要做的事就可以了。我觉得，比起想要的，必须去做的事情更有助于解决现实问题。”

2. 自私区域

自私区域，是指不关心对方的欲求，只关注自身欲求的区域。有人是天生的领导者。比起人性化的思考，这种性格的人更擅长实现目标，独立解决问题。所以，具备这种性格特征的人获得现实中成功的可能性很高。

但是，成功的经历越多，人越有可能陷入控制欲与过度自信的误区。如果父母的养育观念过于以子女为中心，孩子就无法习得对他人的关怀与共情力。

以这种观念处世，会在人际关系中被孤立。没有人想和这种人亲近。在集体中，没有人希望与只关注自己的人相处。有趣的是，处于这个区域的人大多不承认自己是这种类型。

“我重视自己的欲求，不过不怎么关注对方想要什么。我的想法正确而且重要，为什么要理解对方的欲求呢？对方只要照我说的去做就可以了。我从不接受对方的拒绝。让对方服从，其实也是我的能力所在。”

3. 自我放弃区域

自我放弃区域是没有认识到自我欲求，只是努力满足对方欲求的区域。这种人天生难以拒绝他人，乐于为他人奉献。当一个人从小被称赞懂事，越长大就越可能形成这种心理。内向、体贴的性格大多属于这种情况，他们宁可放弃自己的欲求，也要维持周围的和谐。

如果表达自身欲求会产生愧疚感，就很容易进入自我放弃区域。大家都喜欢和这样的人交往。但是，以这种方式解决问题，会超出个人的能力局限，最后让自己精疲力竭，或者内心抑郁。

> “我不善于拒绝，属于那种压制自我欲求的类型。如果我追求自己重视的东西，对方感到不适，我就会习惯性让步。虽然很可悲，但是牺牲我一个，大家都好就可以了。总是声张自己想要什么，会看起来很自私，我不太想那么做。”

4. 互惠区域

互惠区域是在发生矛盾时，重视双方的欲求，并且优先寻找同时满足双方欲求的方案的区域。陷入矛盾时，要让人在这个区域里独自解决问题并不容易。但是，从小就形成了合作价值观的人，面对矛盾时的反应则与大多数人不同。

“怎么做才能同时满足双方呢？”

如果在解决过程中得到认可与成长，不只执着于结果，就会越来越把注意力集中到解决矛盾的过程上。当两个人陷入矛盾时，如果其中一人，或者有第三方介入，告知能同时满足双方的方法，两人就会增加在互惠领域里解决问题的经历，对彼此增添信赖感。长此以往，就会收获在这个区域里解决矛盾的益处。

> “我重视自己的欲求，同时也关注对方的欲求。我会理解对方的欲求是什么，也能接受对方的拒绝。我想寻找能同时满足双方欲求的方法。我觉得，找到的方法越多，双方欲求被满足的可能性就越大。”

就算是同一个对象，根据不同的情况与事件，我们也可以做出不同的选择，但是我们通常会习惯性地处理矛盾。接下来，一起分享一下我们解决矛盾的方式，以及那么做的原因。就算不是以言行表现出来，也可以谈谈内心的态度。

沟通式对话练习

（1）家人发生矛盾时，通常以什么方式解决？参照前面的四种模式，结合具体的事例，与搭档一起分享。

（2）和权力相对更大的人发生矛盾时，通常以什么方式解决？参照前面的四种模式，结合具体的事例，与搭档一起分享。

（3）和权力相对更小的人发生矛盾时，通常以什么方式解决？参照前面的四种模式，结合具体的事例，与搭档一起分享。

调解：介入并协助解决问题的技术

1. 寻找互相指责中隐藏的双方情绪与欲求

我们家有两个孩子，只要待在一块儿就会吵架。我有空的时候总会给他俩劝架，但这种事情总是发生，所以我也会在不知不觉间提高嗓门，有时还会失去理性。

→ 孩子们吵架时来找父母评理，父母说的第一句话是什么？

"谁先开始的？"

"为什么要吵架？"

→ 各位父母，绝对不要先说这两句话。

我一直牢记对话学习的内容。有一天，两个孩子又吵架了，弟弟被打了，跑去妻子那里告状。妻子把哥哥叫了过来。哥哥气呼呼地说，"我希望弟弟消失！"弟弟也不服输，大喊道："我希望他不是我哥哥！"这些话刺激到了妻子。如果是平时，妻子可能会打孩子们一顿，但这一次，妻子却有了不同的反应。

“你们感觉怎么样？很生气吗？”

哥哥突然哭了。他一句话也没说，只是哭。如果是平时，他会更大声地喊叫起来。真的很神奇。弟弟回答说：“我很伤心。”然后也哭了。

妻子把哥哥领回了房间。我问弟弟：“儿子，你本来想做什么？”弟弟回答说：“我想和哥哥一起玩。”妻子也问了哥哥同样的问题，哥哥回答说：“我想和弟弟一起玩，但是他不听话。”

在我们家，孩子们之间的争吵从未在十分钟之内结束过。那天，居然才用了几分钟。

“你感觉怎么样？”

“你想做什么？”

这两个提问真是神奇。

我们通常不擅长解决自己与对方之间的矛盾，双方常常都会陷入对彼此的判断与指责之中。根据我们至今学习到的内容，为了解决矛盾与问题，必须脱离自动思维，认识欲求。但是，矛盾已经产生，双方只关注自己的思维，可能瞬间就丧失了认知自身情绪与欲求的方法（参照第 128 页，内心对话：自我意识过程的练习）。

根据我的调解经验，就算是彼此珍视的关系，一旦产生矛盾，思考方式也很容易以自我为中心，觉得“如果那个人没有那么做，我就不会指责他”，总想在对方的行为中寻找自己情绪的原因。

这种情况下，有必要请第三方介入来指出双方的情绪与欲求。在对对方的指责中，永远隐藏着自身的情绪与欲求。只要找到那种情绪与欲求，矛盾就会进入理解和解决的阶段。

沟通式对话练习

（1）阅读以下指责与评价的句子，解读对方的欲求，并写下你的回答。

例：“那个人真自私。”→“你是说照顾别人也很重要，对吗？”

“这辈子都是我在拼命赚钱。”→“你希望家人共同努力、互相帮助，对吗？”

“他总在说别人是错的，自己是对的。”→“你是希望其他的意见也能得到理解，对吗？”

（2）列举其他案例，练习写对话。

2. 引导双方如实复述对方的欲求

我和妻子都按照所学内容，继续进行调解。首先，我问了哥哥。

“哥哥，弟弟想和你一起玩，你不和他玩，所以他很伤心。弟弟刚才说了什么，你可以告诉我吗？”

哥哥立刻回答说：“弟弟说他很伤心，因为他想和我一起玩，我不和他玩。”

然后，我又问弟弟：“刚才哥哥跟我说，他想和你一起玩，但是他有点生气。他希望你尊重他。你可以复述我现在说的话吗？”

弟弟立刻回答说：“哥哥希望我尊重他，也想和我一起玩，但是他生气了。”

我对孩子们说：“好，你们都说对了。”

请务必记住一点：想要帮助孩子们解决矛盾，调解人先给出答案，或者直接教他们怎么做，并不会有什么效果。只有矛盾双方复述彼此的欲求与情绪，才能有助于他们理解对方的内心，矛盾才有机会被化解。

调解人必须记住以下三点：

1）同时关注双方的情绪与欲求。

2）分别询问双方：“可以复述对方的情绪与欲求吗？”

3）如果复述准确，则告诉他“你复述得很好”。

如果封闭在自我思维里，就会一切都以自我为中心，总是轻易地指责对方。反之，如果理解了彼此的欲求，就会对对方产生共情。因此，对最亲近的家人，以及朝夕相处的公司同事、学校同学，比起说着因果关系的道理，更应该从相互理解的立场，思考问题的解决方案。

3. 满足彼此的欲求，支持协商行为

我们进入了下一阶段。

“哥哥，你想让弟弟听话，然后和弟弟一起玩，对吧？那么，你应该对弟弟怎么做？”哥哥立刻回答说：“我想让他拿我的东西之前先问问我。”

我又问弟弟：“弟弟，为了和哥哥一起玩，你希望哥哥怎么做呢？”弟弟回答说：“哥哥不把玩具拿给我玩。”

我没有在对话训练中遇见过这个内容。如果按照所学的知识，弟弟应该请求哥哥，但是他现在是在评价哥哥。

妻子看着弟弟，让他转换成对哥哥的请求。“弟弟，如果你想玩玩具，你可以请哥哥把玩具借给你玩，对吗？”弟弟点了点头。哥哥回答说：“你从来不问我，直接就把玩具拿走了。但如果你问我，我是愿意借给你的。”

那天的调解就是平凡生活里的一个奇迹。

如果自己的欲求、需要、愿望得到理解，一个人就会从自我防御的态度中获得自由，同时开始关注对方的欲求。此时，双方口中的指责就会消失，转换为请求的方式。这种情况下，请双方复述彼此的欲求，然后询问解决办法，比调解人直接告知更加有效。

“你说现在________（欲求）很重要，那么你想请对方做什么呢？”

“现在听了对方的请求，你为了________（欲求），想请对方怎么做呢？”

调解人通过这两种提问，帮助双方停止指责，寻找以欲求为基础的解决办法，就是成功的调解。

做这种调解时，我们会看到人性中利己和利他的复杂性。人会为了自己的欲求而活下去，但同时也会对他人的欲求十分关心。

上述案例中，兄弟矛盾之所以能得以解决，并不是因为这个家庭的情况特殊。而且，并非所有的情况都是以这种顺序进行调解的。根据双方矛盾的特殊性以及与他人的牵连等，有时需要稍有经验的调解人介入，才会得到解决。但是，如果双方都信赖调解人，想要解决矛盾时，书中介绍的这个顺序就十分有用。

下图是矛盾双方接受调解的过程示意图，请参考。

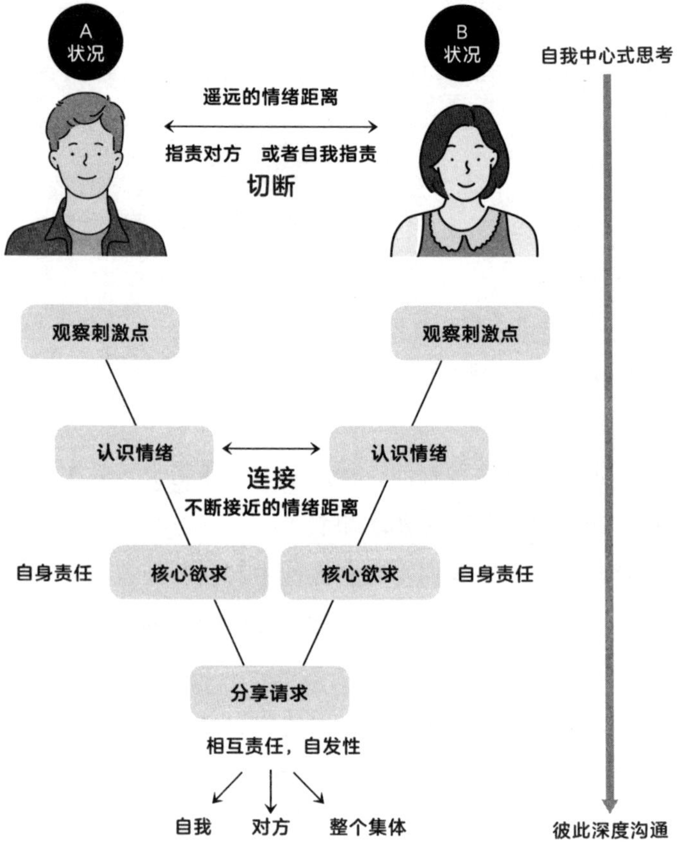

※ 消除了刻板性，双方情绪变得柔和，能够表达彼此的欲求。

感谢

表达对他人的感谢，认可自己的努力

没有感谢，就没有认可

“请至少写下五个别人不知道，但是自己认可的个人优点。”对话训练老师突然提出这样的要求，真的让人很尴尬。除了“毕业于全国最好的大学”，我再也想不出其他的东西了。毕业于最好的大学，其实也只是其他人的认可，并不是我对自己的认可。

一番冥思苦想之后，我想起了一个：亲自辅导孩子数学三个月。儿子当时上初三，数学期末考试只有六十几分，从来没有考过九十分以上。不论结果如何，我从来没有大声为此责骂过孩子，也没有生过气，而是耐心地教孩子。写下这一条之后，我又觉得，这难道不是身为父亲理所应当做的吗？

没错，除了一件外部认可的事，我对自己的唯一认可也在

"理所当然"面前倒塌了。如果非要说，其实我二十六年来每个月都给父母生活费，却又觉得这是作为家中长子理所当然要做的事，所以没有写出来。为什么突然觉得很伤感呢？

未曾表达对他人的感谢，是为什么呢？

1. 丧失了认识自己积极一面的能力

感谢的反义词，是自动思维里的"理所当然"。标准越高，越会把所有事情看作某种身份的义务，就会认为所有事情都是理所当然的，自然也越来越不会感谢自己。其实，我们的优点比想象中多得多。通过"沟通式对话练习"一起寻找吧！

这社会已经赋予我们太多的标准。成功的条件、被比较时体会到的剥夺感、抑郁症、恐慌症等逐渐增多，越来越多的人感到孤独。无法满足社会的苛刻标准，所以大多数人常常处在不安之中。而孩子在不安的父母身边成长，也会不断遭遇到比较与竞争。

在这种环境中，我们不知道可以感谢什么，也不知道如何才能变得幸福。到处都是比我们优秀的人，更别说去和那些有天赋的人相比较了。于是，有时我们会对自己十分苛刻，总在寻找自己的不足、缺陷。自从感觉到自己没有什么价值，人就很难感到幸福和自我满足。在没有满足的生活中，也很难心怀感恩。

但是，人之所以活着，是因为心中有着某种心愿与希望。所以，我们不是要去寻找自己缺少什么，而是要发现自己已经具备的美好的本性。

认可自己的优秀之人，也会具备认可他人的力量。请各位记住，认可不是只面向外部的他人，也要面向自己的内心。

沟通式对话练习

（1）写下一个虽然微不足道，但让自己感到羞耻的秘密。

→ **互相分享自己写下的秘密。或许大多数人觉得十分羞耻，但说出来后，就会觉得根本不算什么。搭档的秘密应该也是同样“事出有因，情有可原”。我们可能只是自己觉得羞耻，可过了一段时间再回想，甚至都找不到把这件事藏在心里那么久的理由。**

（2）写下五个别人不知道，但是自己认可的优点。

→ **和搭档分享是否难写，并谈一谈其中的缘由。为什么很容易就写了出来，或者为什么很难写？**

→ **以在场所有人可以听到的音量，站起身说出来。每个人朗读自己的优点时，其他人需要为发言人祝福，并为其鼓掌。我们请此时的发言人拿出最理直气壮的一面。**

※ 如果独自练习，也请朗读出声。或许会觉得有些尴尬和不适，但依然要试一次。请记住，当我们认可自己，便是满足自我欲求的开始。

2. 因为比起认可他人，更希望自己被认可

父亲很富有，所以我小时候过得很舒适。我不想否认这一点。不过，我的公司虽然依靠父母的财产起步，我却不想啃老，自己也非常努力地发展事业。在其他人看来，我似乎是含着金汤匙出生，但是我像牛一样拼命工作了二十年才到达现在这个位置。可是，父亲依然不信任我，也从来没有表扬过我。父亲总说："你一直在花我的钱，要懂得感恩父母。"

父亲根本不知道我在多么努力地工作。我一双鞋穿了十年，努力工作和生活，却得不到家人的认可，只收到一句"应该做得更好"。

我很感谢父亲，却无法解开心里的结。我就快六十岁了，这像话吗？作为家中的长子，那么辛苦，真希望父母可以认可我一次，但这似乎是不可能的了。

我们为什么那么不愿意认可对方呢？

首先，重要的是，上述案例中的父亲或许也从没认可过自己。严于律己的人，对待他人也会以同样苛刻的标准衡量，于是很难予以认可。在这种情况下，对话总是"我怎么知道你在做什么""还差得远呢"，而不是"谢谢，你真的做得很棒"。

其次，未能充分得到他人认可时，我们也无法认可他人。上述案例便是如此，这位父亲很可能未曾得到过来自儿子的认可。"我能够出生在一个富裕的家庭，可以轻松地成长，真的非常感

谢你们。”我曾经问这位学员是否对父亲说过这句话，他想了很久，表示没有说过。

对话之手总是由心理更健康的人伸出来的。如果双方都做不到这一点，就总是会对彼此失望。

沟通式对话练习

（1）闭上眼睛，思考一下“认可”的欲求在我的生活中有多么重要。

（2）回想一下自己最被认可的经历。

（3）当时心情如何，现在想到那个人是什么感受？

（4）与搭档分别分享那段经历与情绪。

区分欲求与欲望，学会感谢

现在，我们先进行分享练习，然后再开始讲述。

练习 1

对照欲求表（第 107 页），选择一个欲求。

写下可以满足这个欲求的方法。分别写下使用物质来满足的方法与使用非物质来满足的方法。

例：平和

- **使用物质来满足的方法**

  → 飞去印度尼西亚的巴厘岛，参与传统瑜伽课程。
- **使用非物质来满足的方法**

  → 每天早晨在安静的房间里，通过冥想的手机应用程序练习十分钟冥想。

- **使用物质满足的方法**
- **使用非物质满足的方法**

练习 2

回顾今生，写下“爱”的欲求在心里得到满足的经历。

例：

- **小学二年级那年，爸爸打我时，楼下的奶奶跑上来抱住了我。**
- **晚自习逃课时，老师买比萨给我吃，然后问我发生了什么事。**

  写完之后，与搭档分享自己的经历。

1. 认识欲求与欲望的区别，学会感谢

我从小家境贫寒，所以认为有钱才能幸福。进行沟通式对话训练时，我领悟到金钱很有用，但是回想充满爱的时刻，又会觉得金钱其实没有那么重要。

虽然为了个人的幸福，也为了能帮助他人，我们依然需要钱，但是我现在也明白了“金钱并非全部”的道理。我猜

想，带着这个观念去生活，自己以后会拥有与现在十分不同的人生。

通过练习 1，我们学到了以下几点：

第一，我们能通过物质轻松地满足很多欲望。

从这层意义来讲，金钱是重要的“手段”，而且，它只是手段而不是目的。物质手段成为目的时，就会酿成悲剧。因为就算拥有再贵重的物品，长此以往内心也会麻木空虚。而且，不论再怎么富有，这个世界上总有比我们更富有的人，如果把金钱当作目的，就很难摆脱那种相对剥夺感。所以，在人际关系中使用物质，必须物尽其用，合理使用。

第二，不要放弃欲求。

不要因为缺乏金钱而放弃欲求。大多数情况下，就算没有钱，我们的欲求也能通过各种方式得到满足。在我们的生活中，当尽量努力思考用多样的方法来满足自己的欲求时，就算经济条件不充足，也会感觉到幸福和感动。

通过练习 2，我们可以学到，真正重要的价值会超越金钱与物质。

欲求与欲望是不同的概念。欲求是节制与满足，欲望却是想象与比较，无法得到满足。

想一下“漂亮”这个词吧。漂亮有什么绝对标准吗？有人已经对自己目前的相貌十分满意，漂亮的欲求得到了满足；有人可以通过减肥和双眼皮手术来满足自己的这个欲求。但是，有人就算不断地接受手术也无法满足，不断寻找比自己更漂亮的人，想成为他们。这个事例向我们展示了欲求与欲望的差别。欲求与欲望的差别在于个人的节制与满足，所以我们有必要明智对待。

2. 超越时空，学会感谢

我从来没有考虑过死亡。老师问我死去之前想见谁时，我想起了妈妈。我总是对妈妈感到生气。给她的生活费她不花，明明知道我会回家晚还要等我，知道我不吃早饭却总是准备，这些都很令我生气。妈妈总是打扮得很土气，和她一起出门我也会不自在……但如果妈妈哪天不在了，我似乎也无法好好活下去了。以前我会那样想，真的太对不起她了。我今天真的很想立刻对妈妈说一声“谢谢”“我爱你”“感谢有你”。

哲学家海德格尔曾经说过，我们是“向死而生”的。我们总是觉得自己似乎会活得很久，但其实不知何时就会死去。人若是意识到这个事实，所有的一切都会改变。

我学习死亡学时，认识到人生的很多东西都在不断改变。如果今天是最后一天，你会和谁在一起呢？当然，我们不能每时每刻都考虑死亡，但是在重要的时刻，在与珍视之人的关系中，我们是否需要超越时空进行一场对话呢？在死亡面前，我们再也顾不上怨恨，因为我们必须跑向自己珍视的人，表达心中的感谢与爱意。

练习 3

如果今天是我生命中的最后一天，我会想起谁？我想对那个人说什么？写一写。

例：我应该会想起儿子。

“感谢儿子来到我的身边。妈妈能够养育你，做你的妈妈，感到非常幸福，你一定要记住这一点。”

正确表达感谢：用描述代替评价

和金次长面对面彼此称赞时，一直很顺利。虽然有点难堪，但是只要说好话来夸他就行了。不过，老师突然让我说一下自己的具体观察，我就慌了。

“金次长真的很诚实。”老师让我把这句称赞做具体的描述，我却什么也想不起来。这句称赞并非毫无诚意的奉承之词，但是我真的想不起来金次长的具体表现。我平时也经常称赞孩子，但是回想起那些称赞的背后，要去观察对方，还要转换成具体的描述，其实并不容易。我在成长过程中也听到过很多称赞，却没人告诉过我具体为什么称赞我。我们说不定接受了太多“说好话”的训练。

1. 用眼睛观察，用语言沟通

感谢是因他人的具体行为所产生的相关情绪。这种情绪会自然而然地引发语言表达。在对话中，对他人的感谢，表示我们认可某件事的实现得益于对方的能力与其付出的努力。

当我们的欲求通过他人得到满足时，就会产生感谢的情绪。这种感谢，明显不同于从评价者立场对某人表达的肯定性称赞。

练习 1

回想一个称赞对象，写下对他的肯定评价。

例：儿子 → 儿子非常诚实。

丈夫 → 丈夫非常稳重。

妻子 → 妻子非常聪明。

练习 2

大家可以认识到以上语句，其实源自我们自动思维中的“肯定评价”吗？我们此时是站在评价者的立场，判断对方“做得好”与“做得不好”、“好”与“坏”、“对”与“错”等。与搭档自由分享一下自己想起了哪种思维或者想法。

称赞并非坏事。但是，源自评价的称赞与源自观察的感谢是不同的。只要出于真心，源自评价的称赞与源自观察的感谢都是有效的。但是，在一种更横向的关系中，对方为自己做出了贡献时，只有感谢才能让我们表达最真诚的心意。

2. 感谢的力量

感恩可以强化我们所属的共同体、家庭、组织成员之间的合作与相互信任，最终加深关系。习惯表达感谢的人，对生活的满足度更高，更能承受高强度的压力。这充分证明，感恩有助于个人维度的精神健康。

心理学教授麦卡洛表示，人们心存感恩时，会引发亲社会行为与道德行为，并遏制破坏性的人际关系行为。在企业中进行对话训练时，看到男性组员在彼此分享感谢的过程中，经常湿了眼眶。我也曾目睹上司对下属表达真心的感谢时，下属忍不住哭了出来。

感谢对家庭关系有什么影响呢？真正的感谢会成为夫妻之间彼此帮助的力量。而且，在善于表达感谢的父母身边长大的孩子，更乐于助人，因为他们更能够感觉到为他人付出的快乐。重新观察家庭、职场与周围的人，不难在一个个棘手的问题中发现需要感谢他们的地方。表达出这种感谢，人与人之间就可以牢固地建立更加温暖、丰富的关系。

如上所述，感谢有助于我们形成更深刻的关系，还可以为我们带来他人的情绪支持。而且，感谢会使我们更加宽容。可能每个人都曾有这样的经历：记恨某人时，想起对他应该表达的感谢，怨气就会得以缓解。数不胜数的学者研究过感恩。他们已经证实，感恩有助于提高生活满足度，提高日常活动的内在动机。

《幸福的神话》（*The Myth of Happiness*）的作者索尼娅·柳博米尔斯基曾说，感谢对生活的积极效果如下：

1）表达感谢可以强化自我价值与自尊。

2）经常感受与表达感谢时，愤怒、悲痛、贪婪等情绪会变得柔和，同时激活个人的积极情绪。

3）体会感谢，可以更好地领悟人生经历中的积极方面。

练习 3

写出五个自己比别人更出色的地方。

练习 4

写出五个日常生活中感谢的事情。

在某次与感谢有关的研究课程中，一组成员记录了过去一周比他人做得更出色的事，另一组成员则每天记录了三件值得感谢的事。

一周之后，我们把两组数据进行比较分析，记录值得感谢的事的小组获得了更高的生活舒适度，即满足感。这种结果意味着，从自我经历中发现感谢，比不断发现自己比他人优秀，更有助于提高生活满足感。也请大家更多地与朋友和家人分享自己生活中想要表达感谢的瞬间。

我们能够通过他人的帮助得到很多有益的效果，在此基础上，如果可以通过健康的方式向对方表示感谢，我们就会得到更多。感谢是一份贵重的礼物，使我们彼此联结，建立有意义的关系。

感谢是一种赞扬彼此做出奉献的能力

我们家有三个孩子。多年来，住在大邱的母亲每次放假都会来首尔，帮助我们照看孩子。三个孩子都是小学生，家里简直就像战场。我和妻子是上班族，所以当孩子们放假时苦恼极了。孩子们假期虽然也上学习班，但是日程随时会改变，时不时就需要为他们临时准备食物和学习用品等。不仅如此，要是有一个孩子生病了，我们就要特别照顾，要做的事情就更多了。所以，四年级的寒暑假时，母亲直接到首尔来照顾孩子，我却从来没有对母亲表达过感谢。

不久前，小儿子突然住院了。住院的那一个多月，也是母亲在家和医院两头跑着照顾孩子。我觉得妻子给足了生活费，也对母亲有所照顾，所以从来没有对母亲表达过感谢，最多只是说一句“您辛苦了”，毕竟说句话也不是什么难事。

对话课堂上，我想起这件事，就按照步骤写了下来。尽管是一句应该说，也想要说的话，但当像对母亲说话一样朗读出声时，我真的很难为情。我很担心自己是否真的能把这句话说出口。但是，我的搭档告诉我：“一定要说，母亲会非常高兴的。”所以，我给母亲发了短信。

1. 感谢有时令人恐惧而难为情

“感谢”的英语“Gratitude”，来自拉丁语“Gratus”。这个词带有令某人愉悦的“Pleasing”的含义，即当我们真心表达对某人的感谢时，会令对方感动且愉悦的意思。但是，这个过程其实并不简单。

中年男性尤其如此。我为很多中年男性做过对话训练。他们在课程中一会儿哭，一会儿笑，也流下了在日常生活中隐藏起来的眼泪。他们可能想起去世的父亲会哭，想起辛苦的母亲会哭，想起未能照顾好的妻儿会感到心痛。然而，请他们写下并讲出对家人的感谢时，他们会难为情地笑笑，表示难以开口。这时，我会请大家一起读这句话："如果我们学得不对，就不要学。但如果感到难为情，就战胜它！"

2. 难堪而真诚的五个步骤

第一步：保持沉默，自我提问，确认意图。

- 我是真心实意的吗？
- 我是观察者而非评价者吗？

第二步：这是我的记忆。我看到的、听到的是这样的。

例：妈妈，小儿子那次生病住院五十天，您从大邱过来，帮助我们夫妻每天去医院照顾孩子。尤其是您还说医院的饭不好吃，亲自做了小儿子喜欢吃的海鲜粥。

第三步：我当时是这种心情，感谢你，我的欲求得到了满足。

请参考"情绪表"（第 84 页）、"欲求表"（第 107 页）。

例：那段时间，我别提有多感谢、多抱歉了。多亏了妈妈，我们才能放心工作。有了妈妈全身心的照顾，我们心里热乎乎的。

第四步：所以，感谢有你，我以后会这样做。

例：感谢妈妈，我今后会重新思考如何照顾子女、好好生活，同时好好回报您的关爱。

第五步：谢谢。（可以告诉我听过我的话之后有什么感受吗？）

例：谢谢您，妈妈。（稍等，听一下母亲的反应。）

沟通式对话练习

按照以下五个步骤，写一写并与搭档分享。

（1）认识并表达意图。

（2）我看到、听到的是这样。

（3）我当时 ________（心情），感谢你，我的 ________（欲求）得到了满足。

（4）所以，感谢有你，以后我会 ________ 。

（5）谢谢你。（可以告诉我听到这句话的感受吗？）

※ 对他人心存谢意的人，是真正优秀的人。具体描述并表达这种心意的人，是真正勇敢的人。懂得倾听对方心意的人，是擅长对话的人。认可对彼此的人生有所帮助的过程，就是感谢。这个认可的过程，就是在告诉我们“人生绝对不是孤身一人”，它赋予我们克服孤单与艰难的力量。

致谢

本书的写作包括以下四门学问的学习与临床经验：非暴力对话、死亡学、认知行为治疗、心理图式治疗。在此，我想感谢各位不吝赐教的老师，一起学习成长的同事、学员以及咨询者们。

感谢开发“非暴力对话”并传播于世界的马歇尔·卢森堡老师与指导我“非暴力对话”的凯瑟琳·韩老师。马歇尔老师终生在世界各地调解矛盾、训练对话。得益于他的教导，我在十多年学习非暴力对话的过程中，遇到了可爱的同事们，成为韩国非暴力对话中心的认证讲师，与学员们一起分享对话的深刻与真谛。通过教学，我也成长了很多。

十多年前，高丽大学死亡教育研究中心总负责人兼韩国死亡教育学会会长林炳植教授，第一次把死亡学引进了韩国。感谢林教授的悉心教导，我跟随林教授学习死亡学，领悟到了学问不仅靠文字与语言、思考，还要最终在生活中表现出来，才算完整。林教授不仅为八百多位患者提供过临终关怀，而且也曾有过濒死体验。他的丰富经验与人生智慧，是通过文字难以领会的巨大财富。我深刻地意识到，“死亡”这个词语，可以帮助我们在有生之年心存怜悯，建立真正的关系。在日常生活中认识到生死概念的训练，才是最好的对话练习。

我还要感谢 Meta 研究所所长兼国际图式治疗学会认证图式治疗专家崔永熙教授。我在研究所工作的那段时间，观察并学习了患者如何通过教授的治疗变为家庭治疗，继而得以恢复的过程。崔教授还在百忙之中为本书的“自动思维、认知偏差、核心信念”部分做了校对，在此表达深切的谢意。

最后，我要对各位对话训练学员与咨询来访者表达特别的谢意。我也同样不完美，依然在不断学习和成长。数十年来，大家如此信任我，把自己的人生交付给我。有的咨询者迈出这一步真的不容易，甚至有时连呼吸也会感到十分痛苦，却下定了决心来找我。我还想说，和大家面对面坐着，一起哭，一起笑，进行对话训练、调解矛盾、倾诉心灵的创伤，这段时间在我们心里积累的信任，至今仍然是我不言放弃的唯一强大动力。各位的眼泪变成微笑，伤口化为模糊的痕迹，能够亲眼看到这些改变，是我最开心的事情。如果本书有助于您改善人际关系，恢复人生，我想首先把这份喜悦与价值分享给热爱我的各位学员与咨询者。

索引及参考书目

《说得通，则行得通》［韩］(말이 통해야 일이 통한다)，朴宰莲 著，비전과리더십，2016.

《图式治疗》［美］杰弗里 · E. 杨（Jeffery E. Young）、珍妮特 · S. 克洛斯特（Janet S. Klosko）、马乔里 · E. 韦夏（Marjorie E. Weishaar）合著，崔丽霞 译，世界图书出版公司，2010.

《不分心：初学者的正念书》［美］乔 · 卡巴金（Jon Kabat-Zinn）著，陈德中、温宗堃 译，中国华侨出版社，2014.

《同理心》［英］罗曼 · 柯兹纳里奇（Roman Krznaric）著，黄煜文、林力敏 译，中信出版社，2018.

《沃顿商学院最受欢迎的成功课》(《给予和收获》)［美］亚当 · 格兰特（Adam Grant）著，王非 译，中信出版社，2015.

《幸福的神话》［美］索尼娅 · 柳博米尔斯基（Sonja Lyubomirsky）著，黄珏苹 译，浙江人民出版社，2013.

《非暴力对话》［美］马歇尔 · 卢森堡 著，（Marshall Rosenberg）著，刘轶 译，华夏出版社，2009.

《内因情绪调节心理学》(*The Psychology of Implicit Emotion Regulation*)［荷兰］桑达 · 库尔（Sander L. Koole）等合著，Psychology Press，2011.

《自我调节的生物行为学基础手册》(*Handbook of Biobehavioral Foundations of Self-Regulation*)［荷兰］桑达 · 库尔（Sander L. Koole）等合著，Springer Verlag，2014.

《现实疗法》(*Reality Therapy*)［美］威廉 · 格拉瑟（William Glasser）著，Harper Perennial，1975.